Der Null-Promille-Winzer

RR

Guntram Althoff

Der Null-Promille-Winzer

Eine Rheinhessen-Rheingau-Schweiz-Südafrika-Geschichte

Roland Reischl Verlag

*„Alles seit je. Nie was anderes.
Immer versucht. Immer gescheitert.
Einerlei. Wieder versuchen.
Wieder scheitern. Besser scheitern.“*
Samuel Beckett (1906–1989)

„Besser scheitern. Fail better.“
Motto der Internationalen Tage Ingelheim 2016

Bibliografische Information der Deutschen Nationalbibliothek. Die Deutsche Nationalbibliothek verzeichnet diese Publikation in der Deutschen Nationalbibliografie; detaillierte bibliografische Daten sind im Internet über www.dnb.de abrufbar.

Alle Hauptfiguren und Handlungen sind frei erfunden. Ähnlichkeiten mit lebenden oder verstorbenen Personen sind rein zufällig.

Titelbild: © Photo by Doug Kelley on Unsplash

Layout und Covergestaltung: Roland Reischl

Alle Nutzungsrechte dieser Ausgabe: Roland Reischl Verlag
Herthastr. 56, 50969 Köln, **www.rr-verlag.de**

Herstellung: BoD – Books on Demand, Norderstedt

Dritte, überarbeitete Auflage 2021

ISBN: 978-3-943580-32-7

St. Goarshausen
Ransel
Mittelrheintal
Bacharach
Lorch
Taunus
Wiesbaden
RHEINGAU
Erbach /
Eltville
Rhein
Rhein
Oestrich-Winkel
Mainz
Assmannshausen
Rüdesheim
Geisenheim
Frei-Weinheim
Ingelheim
Bingen
RHEINHESSEN
Kartenhintergrund:
© OpenStreetMaps
www.openstreetmap.org
Open Database License (ODbL)
Montage: Roland Reischl, 2020
▼ Worms ....55 km
▼ Bern....400 km
▼ Canberra ....16.500 km
▼ Allesverloren ....13.000 km

Inhalt

1. Der Jungwinzer oder: Die Quadratur des Kreises

Michael trank keinen Wein; hinzukam, dass er auch bei Bier, Trester oder Likören stets freundlich, aber bestimmt ablehnte. Dies allein wäre an sich kein Problem – war es aber, denn Michael war Winzer. Damit war denn auch schon sein Dilemma äußerst treffend beschrieben, denn ein Winzer, der keinen Wein trinkt, wird üblicherweise gerne mit gehörlosen Komponisten gleichgesetzt, sprich, die meisten Menschen bezweifeln, dass diese Kombinationen etwas Gutes hervorbringen könnten. Dass diese Rechnung so nicht aufgeht, dürfte seit Beethoven allgemein bekannt sein; ganz offensichtlich war es das jedoch nicht, denn Michael bekam diesen Vergleich immer wieder aufgetischt.

Nun war es nicht so, dass er aufgrund seines offensichtlichen „Handicaps“ keine Lust an seinem Beruf gehabt hätte – im Gegenteil: Er konnte sich beim besten Willen keine schönere Art vorstellen, sein Geld zu verdienen. Er hatte das Privileg, in seiner Heimat Rheinhessen* arbeiten zu dürfen, er war häufig in der Natur, hatte vom Ingelheimer Sonnenhang, dem Pares oder anderen Weinlagen einen wunderbaren Blick auf den Westerberg mit dem markanten Bismarckturm, sah die mit sanften Hügeln versehene Region bis hin zu den Ausläufern des Binger Waldes am Horizont und letztlich mochte er den steten Wechsel in der Landschaft.

Michael hatte Freude am jahreszeitlichen Spiel der Natur mit dem Wasserstand des Rheins, aber auch die immer wiederkehrenden Veränderungen in den Weinbergen gehörten zu den Dingen, die er um nichts in der Welt missen wollte. Letztlich – und auch das war ihm sehr wichtig – war er selbstständig, zumindest zum größten Teil, denn seine Eltern waren ja auch noch auf dem Weingut tätig, und niemand anderes konnte ihm in die Arbeit hineinreden. Dass er diese

---

** Das Sternchen verweist auf Begriffe und Sachverhalte, die Sie im Glossar ab Seite 153 erläutert finden.*

Arbeit nicht nur gut, sondern sehr gut machte, belegten zahlreiche Preismünzen, die man ihm bei Weinprämierungen verlieh, sein stets gut besuchter Gutsausschank sowie die Tatsache, dass er seinen Wein in die ganze Welt verkaufte.

Allerdings hatte er nicht immer so über seinen Beruf gedacht; wenngleich ihm die Arbeit im Weingut auch schon als Jüngling Freude gemacht hatte, wollte er beruflich aus der Art schlagen, wie sein Vater es zu bezeichnen pflegte. Michael konnte sich nicht wirklich vorstellen, wie sich seine Abneigung gegen eigenen Alkoholkonsum mit der Arbeit als Winzer vereinbaren ließe – da tat er sich anfangs auch nicht leichter als alle, die ihn mit dem tauben Beethoven verglichen.

Natürlich stellte sich jeder, der von Michaels Abstinenz hörte, die Frage, ob jemand, der keinen Wein trinkt, Winzer werden könnte. Nun, zumindest Michaels Familie stellte sich diese Frage nicht, denn an sich war schon seit sieben Generationen klar, dass er Winzer zu werden hatte. Schließlich befand sich das Ingelheimer Weingut „Kloster Teufelsberg“ seit exakt diesen sieben Generationen in Familienbesitz.

Es war letztlich unerheblich, was Michael darüber dachte, es war unerheblich, was Bekannte rieten („Augen auf bei der Berufswahl!“): Alles wurde von seinen Eltern beiseitegewischt, denn beide Elternteile hatten eine gleichermaßen traditionsreiche Winzerverwandtschaft. Außerdem bezweifelte man, dass die alkoholfreie Phase länger andauern würde. Das allerdings tat sie – und nachdem Michael auch seinen 30. Geburtstag ohne Alkohol feierte, begann man sich mit der Situation auseinanderzusetzen. Da Michael jedoch das einzige Kind war, war die Auseinandersetzung mit der Situation schon wenige Nanosekunden später wieder beendet. Zumindest für seine Eltern war sie das, die Weiterführung des 17 Hektar großen Betriebes war für sie nun einmal eine Ehrensache.

Da das Offensichtliche auch für die Eltern auf Dauer nicht zu verleugnen war, begannen sie sich mit der Situation zu arrangieren; immerhin war bei Michael nicht die kleinste Spur einer „Vinophobie“

zu erkennen – gut, er trank keinen Wein, aber er lehnte das edle Getränk als Teil der Nahrungs- bzw. Getränkekette ja definitiv nicht ab. Und ein wenig Hoffnung lebte ja auch noch nach Michaels 30. Geburtstag in ihnen, denn alkoholfreier Traubensaft wurde auch von ihm goutiert.

Michael war ein groß gewachsener Mann von fast zwei Metern, er trug schwarze, schulterlange Haare und hatte berufsbedingt ein von der Witterung gegerbtes Gesicht.

Neben dem Weinbau hatte er viele Interessen, allein die Zeit, ihnen mit gebührender Intensität nachzugehen, fehlte. Dafür gab es im gesamten Jahresverlauf einfach zu viele Aufgaben, die erledigt werden mussten. Die Weinlese im Herbst und die Teilnahme an den zahlreichen Weinfesten, die durchaus auch von Außenstehenden wahrgenommen wurden, waren jedoch nur ein kleiner Teil davon.

Hinzu kam das Rebenschneiden zur Winterzeit, in der sich allenfalls Hundebesitzer und Jogger in die Weinberge verirrten, sowie der Kampf gegen das Unkraut, Krankheiten und Schädlingsbefall der Rebstöcke zum Beispiel durch Mehltau, Schimmel oder Rombenspanner. Schließlich die Verarbeitung des Weins im Keller, das Abfüllen auf die Flasche und ganz nebenbei auch noch die Buchhaltung, Werbung und anderer zeitraubender Papierkram an dem von Michael nicht sonderlich geschätzten Schreibtisch.

Wenngleich Michael am liebsten im Weinberg tätig war, war er jedoch kein Misanthrop – im Gegenteil, er war gerne mit Menschen zusammen. So hatte er sehr viel Freude bei den vielen Weinfesten, auf denen er mit seinem Weingut vertreten war. Obwohl selbst keinen Alkohol trinkend, freute er sich mit seinen Gästen, die voll des guten Weines meist immer besser in Stimmung kamen.

Zu den Dingen, die er aufgrund des Weinbaus ein wenig zurückstellen musste, gehörten Fußball (sowohl aktiv als auch passiv), der Besuch von Theatervorstellungen, das Glücksspiel in diversen Ausprägungen sowie Schach. „Ein wenig zurückstellen“ war allerdings eine arge Untertreibung, denn seine Mainz-05-Dauerkarte verfiel nahezu ungenutzt. Lediglich die Lokalduelle mit der Frankfurter Eintracht ließ er sich auf keinen Fall entgehen.

Auch zu den anderen Hobbys kam er seit Jahren kaum. Da er jedoch seine Weinberge und auch das gesamte Weingut liebte, empfand er das nicht als Opfer, sondern nahm es als gegeben hin.

2. Wie er wurde, was er war, oder: Die große Sause

Seine „Besonderheit“ in Bezug auf den Genuss alkoholischer Getränke war nicht immer so gewesen. In äußerst jungen Jahren gab es da durchaus eine entsprechende Affinität. Wie bei so vielen Jugendlichen war der Alkohol insbesondere in der Zeit von hohem Interesse gewesen, in der er für eben jene Zielgruppe noch verboten ist. Für seine Eltern war das damals ein gutes Zeichen, denn er schien sich ja in die richtige Richtung zu entwickeln. Dass dies nur eine Scheinentwicklung war, stand auf einem ganz anderen Blatt.

Gegen Ende seiner Schulzeit hatte er einige äußerst unschöne Erlebnisse gehabt, die seine Einstellung zum Alkohol prägten. So war er mit gerade mal 18 Jahren gemeinsam mit seinem Freund Gunter zu den Wormser Nibelungen-Festspielen gefahren. Sie hatten gemeinsam das Abitur geschafft, waren beide im Leistungskurs Deutsch gewesen und wollten sich etwas Kultur gönnen. Gunters Eltern waren zu einem Shopping-Wochenende nach New York geflogen und nun stand es da, das silbergraue Cabrio. Wenngleich ursprünglich geplant war, Hinfahrt und Rückreise nach Worms per Bahn durchzuführen, war die Verlockung für Gunter einfach zu groß gewesen – und so hatten sie bei gutem Wetter eine schöne Anreise gehabt.

Da die Vorstellung intellektuell durchaus fordernd war, benötigten die beiden jungen Leute etwas Gehirnauflockerung. Am Ende der Vorstellung war dann nicht mehr der intellektuelle Anspruch des Stückes, sondern die aktuelle Verfassung der Jünglinge das Problem bei dem Bemühen, das Stück zu verstehen.

Erste Zweifel hätten Michael kommen müssen, als sein Freund auch nach mehreren Anläufen das Schlüsselloch in der Fahrertür nicht fand. Das Gute an Cabrios sei, dass man auch anders einsteigen könne, meinte Gunter nur, kletterte über die Fahrertür und fand das Zündschloss in überraschend kurzer Zeit. Die gleiche Art des Einstieges wählte auch Michael, sodass es kurze Zeit später losgehen konnte. Der betrunkene Gunter und sein nicht minder angefüllter Freund Michael waren nun also auf dem Weg zurück nach Ingelheim.

Da auf der Autobahn doch immer sehr viele Autos unterwegs seien, entschied man sich aus Gründen der Sicherheit für den Ausbaustandard Bundesstraße und darunter. Nach einer mehr oder weniger gelungenen Ortsdurchfahrt bemerkten die beiden kurz hinter Guntersblum, dass auf der Fahrerseite der Seitenspiegel fehlte. Hinter Oppenheim hatte sich die Symmetrie bei den Spiegeln wieder eingestellt, denn auch auf Michaels Seite gab es nun keine Gelegenheit mehr, den rückwärtigen Verkehr zu beobachten. Dies alles geschah, ohne dass einer von den beiden eine spürbare Verringerung der Geschwindigkeit bemerkt hätte, und so waren sie, trotz der fehlenden Spiegel, nicht wirklich beeindruckt. Ein Problem hatten die beiden damit erst in Mainz, denn dort gab es zur nachtschlafenden Zeit tatsächlich etwas, was als Straßenverkehr bezeichnet werden konnte.

Zunächst ordnete sich sein Freund in der Nähe der Rheingoldhalle am äußerst ambitionierten Abzweig zur Theodor-Heuss-Brücke falsch ein und sie fuhren Richtung Mainz-Kastel, was keiner von ihnen so beabsichtigt hatte. Spätestens jedoch, als es seinem Freund auch nach 23 Runden nicht gelang, die richtige Ausfahrt aus dem dortigen Kreisel zu finden, hätten bei Michael alle Signallampen leuchten müssen. Dies taten sie jedoch erst, nachdem sie den Weg zurück nach Rheinhessen gefunden hatten und der Wagen auf dem Rasen vor dem Kurfürstlichen Schloss zum Stehen kam. Der anschließende Versuch der Polizei, den Führerschein seines Freundes zu beschlagnahmen, war zum Scheitern verurteilt, denn er hatte ja erst fünf Fahrstunden hinter sich und nach dieser Aktion schien eine diesbezügliche Pause angeraten. Dies war die Stunde, in der Michael von einer Minute auf die andere beschloss, keinen Alkohol mehr zu trinken.

Seitdem gehörte er zu den Winzern, die ihren Gästen nach dem zweiten Schoppen nur noch gegen Abgabe der Fahrzeugschlüssel Nachschub gewährte.

Jahre später sollte er ein weiteres heftiges Schicksal erleben, das ihn in seiner Haltung bestärkte: Genauer gesagt, erlebte nicht er es, sondern etwa 100 junge Erwachsene aus zumeist gutem Hause. Es waren Studierende einer privaten Hochschule auf der anderen Rheinseite, die es nach ihrer Studienzeit gerne krachen lassen wollten. Eine von ihnen war eine junge Dame namens Johanna, die aus der Schweiz kam. Ihre Eltern hatten eine kleine Wohnung auf dem Weingut Kloster Teufelsberg angemietet, damit die Tochter die Stärken und Schwächen der europäischen Geschäftswelt im Norden vor Ort studieren könne. Ob Johanna Barbara Sprüngli, wie sie mit ganzem Namen hieß, dies schaffen würde, war eine ganz andere Frage, eher schien sie „bemüht", wie man es oft formuliert, wenn die entsprechende Person überfordert ist.

Johannas „Bemühtsein" war übrigens schon vor ihrer Ankunft in Ingelheim offenkundig geworden: So hatte sie, als ihr Vater ihr eröffnete, dass sie auf diese private Universität gehen solle, Gummistiefel erworben, was in der Schweiz kein leichtes Unterfangen ist. Da sie ja nun in den Norden gehe, wollte sie auf die Gezeiten vorbereitet sein.

Sie schien also nicht die hellste Kerze auf der Torte zu sein. Manch einer sagte, dass ein Vergleich von ihr mit einem Brot nicht sehr schmeichelhaft wäre und zu einer Unterlassungsklage seitens des Brotes führen würde. Wie dem auch sei: Den Studienplatz hatte Herr Sprüngli seiner Tochter, genauer gesagt: seiner Adoptivtochter, organisiert. Nun musste er nur eine Bleibe für sie finden.

Keine Frage: Das Internet hat viele Vorteile. Dass es auch Nachteile hat, sollte Johanna bald erfahren. Ihr Vater suchte natürlich in unmittelbarer Nähe des Studienortes nach Wohnraum. Um sicherzugehen, wählte er einen Radius von fünf Kilometern rund um die Hochschule. Dass es dabei Hindernisse geben könnte, die von der Suchmaschine nicht berücksichtigt würden, kam ihm nicht in den Sinn. Die Wohnung auf dem Weingut in Ober-Ingelheim wurde kurzerhand gemietet. Dabei ignorierte Johannas Vater die Tatsache, dass die Zeiten, in denen eiskalte Winter in dieser Hinsicht kurzzeitig für Abhilfe sorgten, vorbei waren – und es hier weit und breit keine feste Verbindung zur anderen Rheinseite gab.

Erst als Johanna zum ersten Mal mit dem Auto zur Uni nach Oestrich-Winkel fahren wollte, aber in Frei-Weinheim am Ende der

Rheinstraße plötzlich direkt vor dem Wasser stand, bemerkte sie die Unachtsamkeit ihres Vaters.

Zum Glück für Johanna gab es – in Ermangelung einer baulichen Rheinquerung in Form einer Brücke – eine Fähre. Täglich diese Fähre nutzend, konnte man den Rhein in angenehmster Weise überqueren. Man durfte es natürlich nicht eilig haben, denn für die gerade einmal 500 Meter brauchte die Fähre gut zehn Minuten. Allerdings war das dann schon ein besonders attraktives Stück Rheinhessen: Zu fast jeder Tageszeit spiegelte sich die Sonne auf wunderbarste Weise im Wasser, man sah Schloss Johannisberg, den Geburtsort der Spätlese, die Germania bei Rüdesheim und auch den Tigergarten Waldeck. Gelegentliche Wartezeiten bis zur Ankunft der Fähre nutzte die Studierende, indem sie mit ihren Blicken zum Beispiel den mit weißem Kreuz auf rotem Grund geflaggten Schiffen auf dem Weg in Richtung ihrer Heimat folgte.

Nun hatte sie einige Semester durchaus studiert, mit heißem Bemühn und wollte mit ihrem Abschlussjahrgang bei ein wenig Wein den Erfolg der letzten Jahre feiern. Dass die Definitionen des Verbs „feiern" letztlich doch himmelweite Unterschiede offenbaren, war eine der offensichtlichen Erkenntnisse dieses Abends. Nicht unüblich sind nach friedlichem Auftakt gemeinhin diverse Ausfallerscheinungen der Sprachwerkzeuge, die von unsicherem Gang bis hin zur Rückentwicklung zum Vierfüßler begleitet werden können. Aber auch das sprachliche Gegenteil kann sich in Form von ordinärer Wortwahl Bahn brechen. Dies alles liegt letztlich im Charakter und in der jeweiligen persönlichen Verfassung begründet. Dies alles war für Michael nichts Neues, denn der Weinverkauf im elterlichen Weingut hatte ihn schon zum Zeugen von manch fragwürdiger Szene gemacht.

Neu allerdings war für Michael, dass es Menschen gab, die auch im Anschluss an die halbseitige temporäre Gesichtslähmung ihre Finger nicht von den alkoholischen Getränken lassen konnten – wenngleich in solchen Fällen der Wein meist nur korrespondierendes Getränk war (die Hauptspeise waren in solchen Fällen schlanke durchsichtige Flaschen mit Prozentwerten von 35 und höher). Ob Wodka, Rum oder Korn: Im Ergebnis blieb es sich gleich. Die Geradlinigkeit der Personen nahm, ebenso wie die Klarheit der Gedanken, rapide ab und am Ende brauchte man viel Fantasie, um die an sich undefinierbaren Geräusche zu Worten zusammensetzen zu können. Dass das dann Zusammengesetzte im Grunde wenig bis keinen Gehalt hatte, war im Regelfall ein weiteres Merkmal dieses Zustandes.

Während für die meisten Normalsterblichen an dieser Stelle die Feier, oder was man sonst dazu hätte sagen sollen, vorbei gewesen wäre, waren die meisten der Studierenden ganz anderer Konstitution. Sie verließen unter Absingen schmutziger Lieder das Gelände der erhabenen Hochschule und wanderten in die benachbarte Umgebung. Da sie in ihrem Zustand nicht mit Wasser in Kontakt kommen wollten, gingen sie eben nicht in Richtung Rhein, sondern verteilten sich unauffällig in den Weinbergen. Unauffällig war dies allerdings nur aus ihrem – dem derzeitigen Zustand geschuldeten – Empfinden, denn der lautstarke Auszug war den Anwohnern schon aufgefallen.

Am Ende der Feier stellte man fest, dass viele Feiernde fehlten, ohne sich verabschiedet zu haben. Als auch am frühen Vormittag noch Vermisste zu vermelden waren, wurde die Polizei hinzugeholt. Die äußerte sich durchaus besorgt, waren doch schon des Öfteren Leute in fragwürdigem Zustand in den Rhein getorkelt und erst viele Kilometer rheinabwärts gefunden worden. Da in den meisten Fällen die gefundenen Personen dann aber nicht mehr am Leben waren, hielt man es für eine gute Idee, die Suche aktiv anzugehen. Wenige Minuten später kreisten Hubschrauber über den Hanglagen und die Vermissten wurden in den Wingertzeilen zwischen den Rebstöcken gefunden.

Unter ihnen befand sich auch besagte Schweizerin, die neben dem Abschluss der lehrreichen Zeit noch einen ganz besonderen Grund hatte, diesen Abend besonders zu gestalten: Ihr Freund hatte sich von ihr getrennt und so betrachtete sie den Abend auch als ihre persönliche „Abschuss“-Feier. Mit nunmehr zwei Gründen ausgestattet, gehörte sie einerseits zu den „Weinbergstudierenden". Andererseits fiel es als Co-Sprecherin des Jahrgangs in ihren Aufgabenbereich, eine Entschuldigung der Studierenden an die Anwohnerinnen und Anwohner zu schreiben. Ihr als „Dahergelaufene" fiel das nicht so schwer, denn mit Ausnahme von Michaels Familie kannte sie im Prinzip auch nach drei Jahren nur ihre Mitstudierenden.

Dies war dann übrigens auch der Grund, weshalb Michael morgens um 5.26 Uhr vom Telefon überrascht wurde. In Ermangelung anderer Personen, die ihr helfen konnten – Hauptmerkmal war dabei in erster Linie in konsequenter Auslegung der Straßenverkehrsordnung ein Blutalkoholwert unter 0,5 Promille –, rief sie beim Sohn ihrer Vermieter an. Johanna bat ihn, sie abzuholen, da ihre Fahrtüchtigkeit noch einen guten Tag auf sich warten lassen würde. So sprang er in den Wagen, nahm die erste Fähre und schon zum Frühstück waren sie wieder zurück. Niemand hatte etwas bemerkt, zumindest niemand auf dem Weingut Kloster Teufelsberg.

3. Die Weinkönigin oder: Wie die Jungfrau zum Kinde kam

Dass die Weinanbaugebiete letztlich Monarchien sind, hat sich sicherlich noch nicht in ganz Deutschland herumgesprochen, denn Weinköniginnen gibt es nun einmal nur in Weinregionen. Auch Rheinhessen bildet da keine Ausnahme. Mit einem „Partnerweingut" im Rücken ist die unverheiratete Frau dann ein Jahr lang für ihre Region im Einsatz, übernimmt repräsentative Aufgaben und betreibt letztlich Werbung für die Region und ihren Wein. Üblicherweise wird dieses Amt von einer Frau aus einer Winzerfamilie übernommen. In diesen Fällen beantwortet sich die Frage nach einem Partnerweingut von selbst.

Da die Ehre – und ungeschriebene Pflicht –, eine Weinkönigin für den Ort zu stellen, in jedem Jahr an ein anderes Hofgut ging, war auch Michaels Weingut mal wieder an der Reihe.* Allerdings hatte das Hofgut Kloster Teufelsberg ein kleines Problem, denn neben Michaels Mutter Sieglinde und der Hofkatze gab es keine weiblichen Wesen, die im engeren Sinne zur Familie gehörten. Das ließ sich auch nicht ändern, wenn man die Suche auf den weiteren Kreis der Familie erweiterte und so erforderte die Suche nach einer möglichen Kandidatin ganz besondere Anstrengungen.

„Den Bacchus werde ich ganz sicher nicht geben. Ich trinke keinen Alkohol und kann und will den Job nicht machen", erläuterte Michael schon Jahre vor der sich abzeichnenden Ehre seinen Eltern. Hintergrund war, dass es in seltenen Fällen auch schon mal junge Männer aus Winzerfamilien gegeben hatte, die dieses Amt ausfüllten und als Bacchus bezeichnet wurden.

Mit dieser als Diskussionsende gedachten Aussage begann die Debatte im Weingut jedoch erst richtig. Je näher der Termin rückte, zu dem das Weingut eine Königin präsentieren sollte, desto heftiger wurde sie geführt. Irgendwann verzichtete Michael darauf, dieses Thema anzusprechen. Allerdings änderte das nichts an der Häufigkeit der Gespräche über diese Situation, denn seine Eltern waren in dieser Frage äußerst hartnäckig. Manchmal dachte Michael, dass sie doch auch mal beim Thema Familienplanung so hartnäckig hätten seien sollen, denn dann wäre diese Fragestellung schon lange von der Tagesordnung verschwunden. Streng genommen, wäre sie dann nicht einmal auf die Tagesordnung gekommen, aber das war an sich nur ein kleines Detail am Rande und änderte ja letztlich auch nichts an der brenzligen Lage.

Um weiteren Diskussionen aus dem Weg zu gehen, änderte Michael seine Strategie und verzichtete fortan auf offenen Widerspruch. Somit gingen seine Eltern davon aus, das Michael sich mit dem Unausweichlichen angefreundet hätte. Dass dem nicht so war, wusste allein Michael, und er hielt es für keine gute Idee, dieses Wissen zu teilen. Nachdem diese Diskussion schon viele Nerven gekostet hatte, wusste er, dass eine weitere Verweigerung eine Detonation zur Folge haben würde, gegen die der Abwurf einer Atombombe wie eine unbedeutende Meinungsverschiedenheit aussehen würde.

Mit diesem Burgfrieden gingen Wochen und Monate ins Land. Da Michael keine feste Freundin hatte – es gab auch keine, die etwas weniger fest gewesen wäre –, wurden die Spannungen immer offensichtlicher.

„Was ist eigentlich mit der Alexandra?“, fragte eines Morgens Michaels Mutter beim gemeinsamen Frühstück – unvermittelt, wie Michael fand.

„Mutter, wir sind seit fünf Jahren nicht mehr zusammen!“, beendete Michael das Kapitel Alexandra recht eindeutig.

„Und was ist mit der Stephanie, die war doch ganz patent“, führte Michaels Mutter die nächste ehemalige Freundin von Michael ins Feld.

„Stephanie ist seit drei Jahren verheiratet und hat seit zwei Jahren einen Sohn“, entgegnete Michael leicht genervt und hatte die Befürchtung, dass nun wieder alle Namen aus der Liste seiner ehemaligen Freundinnen ins Spiel kommen würden.

In dieser Situation fiel Michaels Vater, von dem an diesem Morgen noch kaum etwas zu hören war, ein Artikel in der Allgemeinen Zeitung auf. „Drüben“ mussten sich Studierende übelst benommen haben, war die Zusammenfassung des Vaters.

Dabei zeigte er vage in Richtung der eebsch Seit*, womit im Nordwesten von Rheinhessen der Rheingau* gemeint ist. Auf die Frage, was denn los gewesen sei, beschloss der Vater, den Artikel durch lautes Vorlesen allen Anwesenden zugänglich zu machen.

„Das ist doch unsere Johanna, die da genannt wird“, schlussfolgerte die Mutter, nachdem sie den im Artikel genannten Namen mit den ihr bekannten Daten ihrer Mieterin im Kopf abgeglichen hatte.

„Ja, das ist sie“, antwortete Michael. „Sie hat mir die Geschichte vor drei Tagen erzählt.“

„Ich wusste gar nicht, dass sie so trinkfest ist. Hat sie dir noch mehr verraten?“, wollte der Vater wissen.

An dieser Stelle befand sich Michael in einem Interessenkonflikt, hatte er doch den Eindruck, dass Johanna die ganze Geschichte recht peinlich war. Außerdem war er der Meinung, dass das Adjektiv trinkfest doch besser durch trinkfreudig ersetzt werden sollte – den Unterschied hatte er schließlich vor einigen Tagen höchst selbst mitgeteilt bekommen.

„Es war noch um einiges heftiger, als in der Zeitung zu lesen ist“, entschied Michael den kurzlebigen inneren Abwägungskonflikt rasch zugunsten eines intensiven Gespräches mit seinen Eltern. Dabei war er froh, auch mal ein anderes Thema als seine mögliche weinbaurepräsentative Aufgabe mit ihnen besprechen zu können.

Bei der besagten Feierlichkeit gab es eine Besonderheit: Aus Termingründen wurde die Abschlussfeier immer und damit auch in jenem Jahr vor der Festlegung der endgültigen Noten durchgeführt. Freilich ein suspektes Verfahren, aber einer der Gründer und Hauptförderer des Bildungsinstitutes hatte es sich in den Kopf und damit letztlich auch durchgesetzt, dass die Verleihung der Diplome mit der anschließenden Feier an seinem eigenen Geburtstag stattzufinden habe.

Proteste der Studierenden, die noch mündliche Prüfungen vor der Brust hatten, fanden zwar durchaus Gehör bei den Professoren. Aber diese hatten in all den Jahren noch keinen Weg gefunden, den Hauptfinanzier zu bewegen, daran etwas zu ändern. In der Praxis hatte sich dies bislang auch nicht als allzu großes Problem erwiesen: Schließlich war in all den Jahren noch nie jemand an diesem Institut gescheitert. Es gab durchweg erfolgreiche Studierende und die mündlichen Abschlussprüfungen veränderten die Endnoten der Studierenden meist nur geringfügig im Nachkommastellenbereich. Da also noch nie jemand durch die abschließenden Prüfungen gerasselt war, hatte dieses Verfahren auch noch nie einen realen Grund zur Verfahrensänderung geliefert.

Allerdings änderte sich das just in diesem Jahr: denn eine Studierende aus der Schweiz hatte die Messlatte gerissen und zwar recht deutlich, sodass sie auch bei wohlwollender Interpretation der Prüfungsordnung zu den mündlichen Prüfungen erst gar nicht zugelassen werden konnte.

Beim besten Willen konnte man die verheerenden Leistungen im gesamten Studium nicht einfach aus der Notengebung heraushalten. Auch ihr Versuch, die persönliche Lage mit der Trennung von ihrem Freund zu erläutern, konnte die Prüfungskommission nicht milde stimmen, sodass mit Johanna die Kette durchweg erfolgreicher Absolventen riss. Da eine Weiterführung des Studiums nicht möglich schien – Hauptgrund war, dass Johannas Vater um des Familienfriedens willen nichts von ihrem Scheitern erfahren durfte –, glich ihre Zukunftsplanung nun einem Scherbenhaufen.

„Letztlich hat sie mich angerufen, weil sie außer uns hier fast niemanden kennt", erläuterte Michael und ließ den promillebedingten Aspekt der Begründung dabei geflissentlich außen vor.

Am Ende seiner Ausführungen, die durch häufige Zwischenfragen seiner Eltern unterbrochen wurden, stellte er fest, dass deren anfangs despektierliche Haltung sich ganz offensichtlich verändert hatte. Nicht nur, dass es keine abfälligen Bemerkungen mehr gab, sondern er hörte sogar Verständnis für Johanna heraus.

„Ich finde, sie hat als Sprecherin ihres Jahrgangs letztlich ein hohes Verantwortungsbewusstsein gezeigt", lobhudelte Michaels Mutter.

„Dazu kommt, dass sie doch auch recht viel Pech gehabt hat“, ergänzte der Vater. Und so schlimm sei es nun auch wieder nicht, wenn man mal eine Prüfung vergeigt.

„Und deshalb braucht sie ja jetzt eine neue Aufgabe; sie wird doch bestimmt die Wirtschaftsschule nicht noch verlängern“, mutmaßte seine Mutter nun.

Insbesondere aus den Erläuterungen seiner Mutter konnte Michael schlussfolgern, dass sie ganz offensichtlich irgendeine Erleuchtung gehabt haben musste. Dass dies mit dem doch äußerst umstrittenen Thema der Weinkönigin zusammenhängen konnte, erschloss sich Michael da noch nicht.

Seine Mutter dagegen war diesbezüglich sehr viel weiter und sah in Sachen Weinkönigin bereits den Silberstreif am Horizont.

Den verständnisvollen Aussagen seiner Eltern folgten sich langsam verklärende und abschließend glänzende Augen bei der Mutter. Ohne auch nur ein Wort zu sagen, setzte der gleiche Prozess bei seinem Vater ein.

Michael bemerkte das zwar, aber konnte sich keinen Reim darauf machen – bis auch er sich langsam verklärende und abschließend glänzende Augen bekam.

4. Kohelet 3,1 oder: “It’s a Long Way to Tipperary“

Natürlich war allen Beteiligten klar, dass man hier sehr vorsichtig agieren musste, denn Johanna befand sich nach der Trennung sowie der erfolglosen Prüfung in einer sensiblen Verfassung. Schon vor einiger Zeit hatte auch Michael festgestellt, dass Johanna gewisse Defizite hatte. Das war dann auch der Grund, weshalb er sie zunächst für nicht besonders schlau hielt. Kurzum, das schwarzhaarige kleine Mädchen (sie kam auf 1,59 Meter) schien strunzdumm. Sie war freundlich im Umgang und hatte auch gute Manieren, aber das änderte aus Michaels Sicht zunächst einmal nichts an seiner Einschätzung.

Lange überlegte die Familie, wie man es taktisch am geschicktesten angehen solle, denn Johanna durfte in keinem Falle verschreckt werden. Hätte man gewusst, dass Johanna durchaus im Bilde war, was auf sie zukommen könnte, nein, würde, wäre alles viel leichter gewesen. So jedoch agierte man überaus vorsichtig und lud Johanna an einem schönen Frühsommerabend zunächst einmal auf ein Glas Rotwein ein.

„Du hast es ja in letzter Zeit nicht sehr einfach gehabt“, begann Michaels Mutter das Gespräch. „Zunächst die Trennung von deinem Freund und nun hast du auch den Abschluss nicht geschafft.“

„Wie geht es denn nun weiter bei dir?“, legte Michaels Vater rasch nach.

Ja, wie sollte es nun mit Johanna weitergehen? Diese Frage hatte sie sich selbst in den letzten Tagen schon häufiger gestellt. Zurück in die Schweiz wollte sie auf gar keinen Fall. Sie mochte ihren alles bestimmenden Vater nicht, der schon lange die Weichen für seine Tochter gestellt hatte. Er hatte viele Kontakte und wollte Johanna nach dem Auslandsstudium gerne in die Firma eines Freundes schicken. Allerdings hatte sie definitiv keine Lust, die Schweizer Schokoladenindustrie in ihren weltweiten Exportaktivitäten zu unterstützen.

Auch zu Markenuhren, Käse oder Bankkarrieren hatte sie ein gespaltenes Verhältnis, allerdings war dies alles Johannas Vater nicht beizubringen, jedenfalls nicht auf direktem Wege; weil ihr auch kein indirekter Weg einfiel, hatte sie sich entschieden, dass sie ein Jahr Bedenkzeit brauchen würde.

Da sie ein solches aber nicht ohne Weiteres bewilligt bekam, musste sie bei der Abschlussprüfung ein wenig nachhelfen. Jede Menge verhagelte Klausuren, einige Fehltage und eine allgemein kaum wahrnehmbare Beteiligung in den Vorlesungen sowie eine am Thema vorbei geschriebene Abhandlung über die Preiselastizität von Mangelprodukten in geschlossenen Warenmärkten brachten sie dann letztlich an ihr Ziel. Und so musste sie ihrem leidgeprüften Vater mitteilen, dass sie noch ein zusätzliches Jahr benötigen würde, um die Abschlussprüfung zu schaffen. Natürlich gab es das zu erwartende Donnerwetter, aber Johanna hatte früh gelernt, ihres Vater Lautstärke beim Telefonieren durch eine Vergrößerung des Abstandes zwischen Telefon und Ohr zu regulieren. Kurzum, es war heftig und laut, aber das Ziel wurde erreicht: Was hätte der arme Vater auch tun sollen, nachdem er drei Jahre Studium bezahlt hatte – es ging also in die einjährige Verlängerung.

Natürlich hatte sie sich seit Längerem überlegt, was sie in diesem Jahr anstellen wollte, denn so richtig Lust auf die Wirtschaftswissenschaft hatte sie ja nach wie vor nicht. Just in dieser Phase der Entscheidungsfindung hatte sie mit einer Freundin ein Weinfest besucht, wo sie durch Gespräche vom Nachbartisch erfuhr, dass es in Michaels Familie Ärger gab: Die Frage nach der Weinmajestät sei noch immer nicht geklärt. Als Johanna dann hörte, dass eine Weinkönigin ja gar nicht in dem Ort geboren sein musste, sondern dass es – zumindest formal – ausreichend war, hier zu wohnen, unverheiratet und vorzugsweise weiblich zu sein, begann der Plan in ihr zu reifen.

Alle drei Eigenschaften sah sie bei ihr als gegeben an. Gleichzeitig war ihr bewusst, dass Michaels Familie sich zwangsläufig damit beschäftigen musste. Sie brauchte also nur etwas nachzuhelfen und für die passende Gelegenheit zu sorgen. Mit dem „Festabsch(l)uss in den Weinbergen“ und ihrer Entschuldigung bei Michael lieferte sie ihr Meisterstück ab. Sie musste nichts weiter tun als warten – und mit der Frage, wie es mit ihr weitergehen solle, war die Gelegenheit gekommen.

Johanna ahnte, dass die ganze Wahrheit doch etwas zu heftig für die Winzerfamilie gewesen wäre. Da aber auch schon die Hälfte ihrer Gedanken zu viel für die Unwissenden zu sein schien, begnügte sie sich mit einem Weinkrampf, der ihre Gastgeber bedrückte und dazu führte, dass ihr Glas unverzüglich wieder aufgefüllt wurde.

Nach längerer Pause entschied sie sich, der Winzerfamilie ein wenig auf die Sprünge zu helfen. „Ich werde im kommenden Jahr fast keine Vorlesungen haben, denn letztlich konnte ich den Stoff ja – zumindest fast", gab sie der Winzerfamilie noch ein wenig zusätzliche Starthilfe.

„Dann hast du im nächsten Jahr doch sehr viel Zeit", sagte Michaels Mutter in möglichst sachlichem Ton, während dessen sie innerlich glückselig frohlockte.

„Das ist wahr und ich weiß kaum, was ich in dieser Zeit bis zu den Prüfungen machen soll", ließ Johanna die Katze aus dem Sack. Dennoch entschied sie sich, den Ball bei der Winzerfamilie zu belassen.

Nur wenige Zehntelsekunden später fragte Michaels Mutter, ob Johanna sich denn vorstellen könne, der Familie im kommenden Jahr ein wenig bei der „Repräsentation" zu helfen. Dabei beschrieb sie das Angedachte recht umständlich und vermied es tunlichst, das Wort *Weinkönigin* auszusprechen.

Im gesamten Gespräch machte Johanna eine gute Figur, wie Michaels Eltern fanden. An sich passte es so gar nicht zu der Johanna, die sie jetzt seit fast drei Jahren kannten, denn letztlich schien sie ja gar nicht so einfältig zu sein, wie es bisher den Anschein hatte.

Dass dies keine kleine Fehleinschätzung war, sondern noch eine arge Untertreibung in der Beurteilung des intellektuellen Potenzials des Mädchens, sollte sich in den folgenden Jahren noch herausstellen.

5. Nicht alles, was glänzt, ist Gold – und nicht alles, was schwarz ist, ist Pech

Johanna hatte früh gelernt, dass Schein oft wichtiger ist als Sein. Sowohl im Positiven als auch im Negativen. So war es in manchen Lagen wichtig, Eindruck zu schinden, anzudeuten, was man konnte oder wusste, selbst, wenn man es nicht konnte oder wusste. „Wisse alles, was du sagst, aber sage nicht alles, was du weißt", hatte mal ein kluger Mensch gesagt – und dies wurde dann auch eine Maxime von Johanna. Oft war sie in Situationen, in denen sie mehr wusste, als sie sagte; die Abschlussprüfung war eine solche gewesen.

Sie hatte im Laufe der Jahre gelernt, auf dieser Klaviatur zu spielen, und fuhr letztlich nicht schlecht damit. Jedenfalls hatte sie es erfolgreich geschafft, sich dem starken Einfluss des Vaters zu entziehen und nun auch eine Verlängerung dieses Zustandes herbeizuführen, ohne den Vorteil der finanziellen Unterstützung einzubüßen.

Nur wenige Tage nach dem ersten vielversprechenden Gespräch war es dann so weit: Michaels Eltern wollten endlich Klarheit schaffen.

„Johanna", rief Michaels Mutter dem Mädchen zu, das gerade ihren Kleinwagen nach dem Einkaufen abstellte, „ich würde dich gerne fragen, ob du nicht heute Abend mit uns einen Wein trinken möchtest. Vielleicht so gegen acht?"

„Gerne, ich komme um 20 Uhr rüber", antwortete die Schweizerin.

Während alle an einem Rotwein nippten, hatte Michael sich eine Traubensaftschorle gemacht und übernahm höchstpersönlich das Kommando. Schließlich waren es ja nicht nur seine Eltern, die dringend eine Weinmajestät suchten; auch er selber hatte hohes Interesse, dass jemand gefunden würde, damit der Kelch an ihm vorüberging.

Dass sich auch Johanna mit dieser Frage schon ernsthaft auseinandergesetzt hatte, war der Winzerfamilie noch nicht so ganz klar gewesen. Zwar hatte man sie ja bereits gefragt, ob sie bei der Repräsentation mithelfen wolle. Aber man ging fest davon aus, dass Johanna keinen blassen Schimmer davon hätte, dass es nicht nur um ein Mithelfen, sondern um das Amt der Weinkönigin ginge.

„Wie du ja vielleicht schon gehört hast, sollen und wollen wir in diesem Jahr beim Rotweinfest eine Majestät stellen. Und da wir dich ja schon ein bisschen kennengelernt haben, würden wir dich gerne fragen, ob du dir die Aufgabe zutraust, Weinkönigin zu werden. Wir würden dich natürlich bei allen Aufgaben unterstützen."

Johanna war klar, dass sie viel lernen musste, denn von Weinbau hatte sie so viel Ahnung wie ein Maulwurf vom Fliegen. Aber sie konnte roten von weißem Wein unterscheiden – das genügte ihr zunächst. Zunächst.

Und genau deshalb gab es eine kurze dreisilbige Antwort der zukünftigen Ingelheimer Rotweinkönigin: „Ja, ich will!"

6. Aller Anfang ist schwer oder: „Mailand? Madrid? Hauptsache Italien!“

Nachdem *die Sache* mit Johanna einstimmig beschlossen war, ging es ihnen allen auch gleich viel besser. Michaels Eltern hatten endlich dieses – aus ihrer Sicht – riesige Problem gelöst. Michael hatte endlich wieder Ruhe, um sich auf den Weinbau zu konzentrieren – und Johanna hatte nun einen klaren Plan, was sie in dem vor ihr liegenden Jahr anstellen würde.

Wenn sie nicht ausgerechnet in der Schweiz Repräsentationspflichten nachkommen müsste, würde ihr Vater wohl kaum etwas von *der Sache* erfahren, was Johanna sehr recht war, um es mit äußerster Zurückhaltung auszudrücken.

Um sich langsam in die ganzen „Weinfragen“ einzuarbeiten, beschloss man, dass Johanna zunächst einmal im Ausschank tätig sein solle. Dort würde sie viel sehen und lernen und die schwierigeren Dinge würde man dann später angehen.

Dass sich bei Johanna jedoch auch weniger schwere Aufgaben als schwierig erweisen sollten, wurde schon in der ersten Woche klar.

Ein Gast im schönen Innenhof hatte einen Wein bestellt – keine wirklich ungewöhnliche Sache in einem Weingut. Der Gast hatte einen Rosé* bestellt – auch das keine wirklich ungewöhnliche Sache in einem Weingut. Eine ungewöhnliche Sache war dies allerdings für Johanna, kannte sie doch lediglich Weiß- und Rotwein.

Da sie jedoch in der Schule gut aufgepasst hatte, als es um die Farbenlehre ging, wusste sie zweifelsfrei, was passiert, wenn man Farben mischt. Aus der Vermengung von Gelb und Blau wird Grün – das war ihr genauso klar wie die Tatsache, dass Lila aus den Grundfarben Rot und Blau entsteht.

Erst als dem Letzten im Weingut klar wurde, dass der Gast ganz offensichtlich nicht zufrieden war, wurde auch Michaels Vater klar, worauf man sich bei Johanna wirklich eingelassen hatte.

Sicherlich hätte der Gast sich fragen können, warum sein Wunsch nach einem Rosé keine besondere Spezifikation erhalten hatte. Auch hätte er sich wundern können, dass Johanna mit zwei Weinflaschen an den Tisch kam. Wirklich wundern tat er sich allerdings erst, nachdem Johanna beide Flaschen angesetzt hatte und dem sprachlosen Gast zu einer Mischung aus einem herrlichen Dornfelder mit einem Riesling* verhalf. Ob diese Kreation zu trinken gewesen wäre, muss offen bleiben. Schließlich kam es erst gar nicht so weit, weil ein nach Luft schnappender und leicht bläulich anlaufender Gast nur selten in der Lage ist, ein Getränk zu probieren.

Dass dies jedoch nicht nur eine kleine Panne, sondern ein ausgewachsenes Unglück war, sollte sich später herausstellen: Schließlich war der Gast kein einfacher Gast, sondern ein ausgewiesener Weinkenner und Chefredakteur des feinen Weinmagazins, in dem Steven Pagot seine legendäre Pagot-Kolumne veröffentlichte. Und damit nicht genug: Just in diesem Moment saß er mit eben diesem Steven Pagot zusammen, um die Themen für die nächsten Ausgaben zu besprechen und auf ihre Zusammenarbeit anzustoßen.

Als Michaels Vater den sich nur langsam erholenden Weintester sowie den ungläubig staunenden Steven Pagot sah, entwich auch ihm die Farbe aus dem Gesicht und leise hörte man ein „Dieser Weg wird kein leichter sein ...“.

„Dieser Weg wird steinig und hart“, meinte Michael, als er, gerade aus den Weinbergen kommend, von der Geschichte hörte und sogleich zum Tisch der Weintester-Elite eilte. Dort war sein Vater schon eifrig dabei, die Situation zu entschärfen, indem er klarstellte, dass es sich bei Johanna um eine Aushilfskraft handelte, die mit dem Weingut nicht wirklich etwas zu tun habe. Dass diese „Aushilfskraft“ in Kürze zur Weinrepräsentantin einer der bedeutendsten Rotwein produzierenden Weinbaugemeinden Deutschlands werden sollte, behielt er an dieser Stelle dann doch lieber für sich. Es handele sich um die Torheit einer Anfängerin. Nachdem er dann auch seine Schatzkammer öffnete und einen edlen Spätburgunder kredenzte, beruhigten sich die Gemüter wieder. In der wenige Wochen später erscheinenden neuen Ausgabe jedenfalls werde dieser Vorfall nicht erwähnt, versicherte Pagot – und auch der Chefredakteur gab sein Wort, dass das Geschehene nicht „breit getreten“ werde.

„In dr Schwyz hatte ich es nicht so mit Wein", versuchte Johanna sich zu entschuldigen, als sie von der Tragweite ihres Fehlers hörte.

„Das wussten wir ja schon vorher. Aber dass deine Vorkenntnisse so gering sind, hätte niemand von uns erwartet", antwortete Michael ihr, insgeheim hoffend, dass keine weitere Hammeraktion folgen würde. Im Anschluss erläuterte man Johanna, dass es im Ausschank gemeinhin Rotweine, Weißweine und Roséweine gäbe. Dass diese verschiedenen Weingattungen auch noch auf den unterschiedlichsten Rebsorten basieren können, erwähnte Michael nur am Rande. Wohlweislich verzichtete er in diesem frühen Stadium darauf, bei Johanna mit Namen wie Gelber Muskateller, Grüner Veltliner, Schwarzriesling* oder Blauer Portugieser für zusätzliche Irritationen zu sorgen.

Verantwortlich für die Farbe beim Rosé sei eben nicht das Mischungsverhältnis zwischen Rot- und Weißweinen, vielmehr entstehe die Farbe durch die besondere Verarbeitung des eigentlichen Rotweins. So habe man beispielsweise Spätburgunder oder auch Portugieser Weißherbst im Ausschank. Und zur Sicherheit fügte er noch hinzu, dass es sich beim „Portugieser" nicht um einen in Portugal zugekauften Wein handele.

7. Frustschutzmittel oder: Das Wunder von Rümmelsheim

Nur wenige Tage später war Johanna erneut im Ausschank tätig. Nach der Nummer mit dem Rosé war man zwar etwas unsicher geworden, aber doch noch optimistisch. Auch hatten sich alle Beteiligten vorgenommen, ein wenig besser auf Johanna „aufzupassen". Ob es um Rebsorten ging, die sie nicht kannte, oder die Namen von Weinlagen – es gab jede Menge Stolperfallen auf dem Weg zur Weinfachfrau.

Als nun Michaels Mutter Johanna zurief, sie solle den Gästen an einem der Tische im Hof Eiswein servieren, war es erneut so weit. Johanna verschwand im Haus und blieb erst mal verschwunden – was weiter nicht auffiel, bis sich die Mutter nach mehr als fünf Minuten wunderte, dass die Gäste noch immer auf dem Trockenen saßen.

Nachdem sie eins und eins zusammengezählt hatte, eilte sie in den Keller, wo sie auch prompt Johanna vor der Gefriertruhe fand.

„Hab ich es mir doch gedacht. Nein, meine liebe Johanna, den Eiswein wirst du hier im Keller nicht finden", gab sie der schon seit Minuten im Gefrierschrank suchenden Johanna mit auf den Weg.

„Eiswein ist nicht im Eisfach eingelegter Wein", erläuterte sie der jungen Schweizerin. „Ich schätze, dass ist mal wieder ein Fall für Michael."

Sodann erklärte Michael ihr, was es mit dem Eiswein auf sich hatte. Wo er gerade richtig in Fahrt war, erklärte er ihr auch, dass eine Beerenauslese nicht die von Eis- oder Grizzlybären favorisierten Weinsorten beinhalte, und gab ihr noch weitere Tipps zum Wein.

Als er sich beim Erklären gerade warmgeredet hatte, gab er Johanna auch mit auf den Weg, dass es trockene, halbtrockene bzw. feinherbe und milde bzw. liebliche Weine gab.

Das kannte auch Johanna gut: „Du meinst den süßen Wein", wobei sie sich gleich wieder an die „Abschussfeier" erinnerte, die sie ja mit viel süßem Wein in den Weinbergen verbracht hatte. Um auch hierbei erst gar keine Missverständnisse aufkommen zu lassen, wies Michael gleich darauf hin, dass ein Wein schon lieblich aus der Flasche komme und nicht erst kurz vorm Einschenken durch Zuckerzugabe seine besondere Note erhielt. Für Johanna, die Zeit ihres Aufenthaltes in Rheinhessen und dem Rheingau bei Weinfestbesuchen stets flüssigen Zuckerzusatz mit sich führte, war dies eine durchaus neue Erkenntnis.

„Aber wie kommt denn letztlich der Geschmack überhaupt in die Flasche?“, stellte Johanna eine nicht ganz unerhebliche Frage.

„Nun ja, man muss halt immer wieder probieren, und wenn es nottut, muss man nachsteuern“, versuchte Michael, es ihr zu erläutern.

„Und wie läuft das bei dir? Am Ende trinkst du ja doch jede Menge Wein und erzählst nur, dass du nichts trinkst“, wollte Johanna es nun genauer wissen.

„Das ist mit Sicherheit der falsche Ausdruck für das, was ich mit dem Wein mache. Ich schmecke ab und dafür muss ich den Wein in der Tat zum Munde führen, danach dreht der Wein dann dort eine Runde und ich kann den Geschmack erkennen.“

„Und danach spuckst du den Wein wieder aus?“, fragte Johanna.

„Und danach spucke ich den Wein wieder aus“, lautete die trockene Antwort von Michael.

„Und das reicht aus, um den guten Wein zu machen?“, wunderte sich Johanna.

„Nein, das ist ein wichtiger, aber nicht der einzige Schritt, den es für einen guten Wein braucht“, erklärte Michael.

„Du hast ja schon Alberich kennengelernt. Er ist zwar noch kleiner als du, aber wir nennen ihn scherzhaft *König des Weins* oder auch *der Natur*. Er hütet den Wein wie einen Schatz, kümmert sich um fast alles im Betrieb – und dabei sieht man ihn kaum. Man könnte fast denken, dass er eine Tarnkappe trägt.

Wenn wir nun gemeinsam den Wein abschmecken, lässt Alberich ihn vollständig auf sich wirken. Im Gegensatz zu mir probiert er nicht nur, sondern trinkt ihn auch. Häufig gibt er mir die entscheidenden Hinweise, mit denen wir aus einem guten Wein einen sehr guten machen können. Außerdem hat Alberich immer wieder neue Ideen, in welche Richtung wir den Wein weiterentwickeln können ...“

„Was meinst du mit *weiterentwickeln*?", unterbrach ihn Johanna, denn sie hatte keine Ahnung, worauf Michael hinauswollte.

„Neben der Rebsorte gibt es weitere Faktoren, die eine Rolle beim Geschmack spielen. In vielen Weinen schwingen Aromen unterschiedlichster Art mit, etwa Pfirsich oder Aprikose."

„Werft Ihr da dann zwei Pfirsiche ins Fass oder wie läuft das?", unterbrach Johanna den Jungwinzer.

„Natürlich nicht; es ist streng verboten, da irgendwas hineinzukippen. Wir verwenden zum Beispiel verschiedene Hefestämme, die dafür sorgen, dass sich der Wein in die eine oder andere Richtung entwickelt", beendete Michael seine Ausführungen.

Das Gespräch, aber besonders Johannas Einstiegsfrage mit dem „süßen Wein" erinnerte Michael an eine Geschichte, die sein Vater immer wieder gerne erzählte und die sich ins kollektive Gedächtnis aller rheinland-pfälzischer Winzer, ja, an sich aller Winzer im deutschsprachigen Raum eingenistet haben dürfte.

Um etwas süßeren Wein zu bekommen, der in den 1980er-Jahren ziemlich angesagt war, griffen einige Winzer in Österreich zu Frostschutzmittel. Als dem kleinen Michael die Geschichte erzählt wurde, verstand er immer Frustschutzmittel, denn Wein schützt vor schlechter Laune, wie sein Großvater immer gesagt hatte.

Findigen Winzern muss damals aufgefallen sein, dass Frostschutzmittel nicht allzu teuer war – und man damit dem Wein, dem es an natürlicher Süße mangelte, ein wenig auf die Sprünge helfen könnte. Aufgedeckt wurde die Panscherei, als ein österreichischer Winzer mit einer doch recht übersichtlichen Betriebsfläche Unmengen von Frostschutzmittel in seiner Steuererklärung angab, was unangenehme Nachfragen zunächst der Steuerprüfung und später der Staatsanwaltschaft nach sich zog. Da österreichischer Wein auch nach Deutschland verkauft wurde und hier mit deutschen Weinen verschnitten (vermischt) wurde, kam das Problem auch rasch nach Rheinland-Pfalz.

In den folgenden Jahrzehnten sollten „süße" Weine – Johanna benutzte diesen Begriff hartnäckig, denn mild war ihr doch zu wenig, wie sie immer wieder versicherte – es deswegen sehr schwer haben. Dass der Trend eindeutig in Richtung trockene Weine ging, dazu hat sicher auch der aufsehenerregende Skandal beigetragen. Auch diese Lektion lernte und verinnerlichte Johanna unmittelbar. So hatte sie rasch zumindest die allernotwendigsten Grundlagen für ihre zukünftige Aufgabe als Weinmajestät erworben; das jedenfalls meinte sie, doch es sollte nicht sehr lange dauern, bis sie wiederum eines Besseren belehrt werden sollte.

8. Weißwein macht keine Rotweinflecken oder: „Die Schwarze Barbara"

Während der Sommer so durch die Lande und durch Rheinhessen zog, wurde allen Beteiligten klar, dass nun nicht mehr viel Zeit für die Vorbereitung blieb. Besonders klar wurde dies, als der Weinbauverband einen Besuch ankündigte, um die neue Weinmajestät kennenzulernen und das Prozedere der zum Rotweinfest terminierten Krönung zu besprechen.

Nach einem freundlichen und ungezwungenen Auftakt wurde die Spannung bei allen Beteiligten spürbar. Für Johanna und Michaels Familie stand viel auf dem Spiel, schließlich wollte die Familie nicht, dass die werbeträchtige Aufgabe an ihrem Hof vorbeiging. Zwar war in der gesamten Geschichte der Ingelheimer Weinköniginnen noch nie eine junge Dame vom Weinbauverband abgelehnt worden, doch Johanna hatte ja auch bei ihrem Studium für eine Premiere der negativen Art gesorgt, sodass sich Michaels Familie nicht ohne Grund Sorgen machte.

Gleichzeitig war aber auch die Delegation des Weinbauverbandes sehr gespannt auf diese Begegnung; schließlich hatten doch schon einige von Johannas Erlebnissen und Besonderheiten die Runde gemacht. Auch ihre „Nummer mit dem Rosé" war wie durch ein Wunder doch nicht so ganz unter dem Mantel der Verschwiegenheit geblieben – und so fragten sich die drei Winzerkollegen vom Verband durchaus, was bzw. wer da auf sie zukommen würde.

Darüber hinaus waren sie auch auf ihr äußeres Erscheinungsbild gespannt, um es mal vorsichtig auszudrücken. Weniger dezent formuliert, waren die drei „gespannt wie ein Flitzebogen", denn ihnen war im Vorfeld schon so einiges über Johannas Optik berichtet worden.

Als die drei dann den Hof betraten, gab es in der Tat überraschte Gesichter. Wenngleich sie schon viel über Johanna gehört hatten: Dass sie der üblichen äußeren Erscheinung einer Weinkönigin nicht glich, sahen sie gleich auf den ersten Blick. Natürlich steht nirgendwo geschrieben, dass eine Weinkönigin in Deutschland über eine helle Hautfarbe verfügen soll, aber bei einer willkürlichen Befragung würden sicher 99,5 Prozent der befragten Personen davon ausgehen, dass dies der Fall sein dürfte, während die restlichen 0,5 Prozent nicht unbedingt anderer Meinung wären, sondern sich schlichtweg noch nie damit auseinandergesetzt haben dürften. Dass Johanna Barbara Sprüngli eine Schwarze* war, erkannten sie zwar auf Anhieb, aber es dauerte eine Weile, bis sie es verarbeitet hatten.

Die dunkle Hautfarbe von Johanna hatte den einfachen Grund, dass ihre Eltern Schwarze waren. Komplizierter war da schon die Antwort auf die Frage, warum Johanna zwar in Südafrika geboren wurde, aber die schweizerische Staatsangehörigkeit besaß. Das wiederum lag daran, dass die Mutter schon vor der Geburt vom Vater sitzen gelassen worden war und sich große Sorgen um ihre Tochter machte. Als sie sich schließlich eingestehen musste, dass deren Zukunftschancen, solange die Apartheid herrschte, bei null oder darunter lagen, fasste sie den Entschluss, das Baby, sobald es nicht mehr gestillt werden musste, in ein anderes Land zu schicken.*

Als Mitarbeiterin des Flughafens Kapstadt kannte sie die Abläufe vor den Starts und wusste, dass es klappen könnte, ihre Tochter „ausfliegen“ zu lassen, am besten nach Europa. Schließlich durfte sie bei ihrer Arbeit das Rollfeld betreten, wo sie das Baby dann auch – kurz vor seinem ersten Geburtstag – einer Stewardess anvertraute. Sie schaute dieser in die Augen und glaubte zu erkennen, dass auch sie eine Mutter war. Und so legte sie ihre Zeigefinger auf den Mund, deutete danach auf das „Gepäck“, in dem ein kleines Baby schlief, und gab es in ihre Hände. Ohne auch nur ein Wort zu sagen, erfasste die Stewardess die Situation, nickte der Mutter zu und nahm das kleine Mädchen in ihre Obhut.
Dabei war sich Johannas Mutter von Anfang an darüber im Klaren, dass ein Baby bei der Kontrolle durchaus versteckt werden konnte – eine erwachsene Frau dagegen noch vor dem

Start mit Sicherheit entdeckt werden würde. Sie wusste also, dass sie selbst nicht mitfliegen konnte.
So erreichte die Tochter ohne die Mutter den Flughafen Zürich – und sogleich nahm sich das Jugendamt ihrer an. Da beim besten Willen keine Chance bestand, die Eltern ausfindig zu machen, um das Baby zurückschicken zu können, durfte die damals noch namenlose Johanna in der Schweiz bleiben.

Das in der Eidgenossenschaft lebende Ehepaar Sprüngli war kinderlos und wartete schon lange darauf, von der Adoptionsbehörde ein Baby zugeteilt zu bekommen. Als sich das nun plötzlich änderte, war es ihnen völlig egal, dass dieses Kind schwarz war. Und so wurde aus dem namenlosen und schwarzen südafrikanischen Baby eine Johanna Barbara Sprüngli.

Keine Frage, die drei Gäste auf dem Weingut mussten erst einmal mit sich ringen und das taten sie auch ausgiebig. Als Johanna sie fragte, was sie ihnen denn Gutes tun könne, erhielt sie keine Antwort, sah dafür aber drei Fragezeichen in den Gesichtern der drei Gäste. Im Laufe ihrer Zeit in Rheinhessen hatte sie den Eindruck gewonnen, dass Winzer zwar weltoffene Menschen waren, aber nicht gerade die Speerspitze einer multikulturellen Gesellschaft bildeten.

Um im Laufe des Abends die Vorgespräche über die Krönung zur Weinkönigin führen zu können, fragte sie die Gäste erneut, was sie ihnen denn bringen könne. Um die Gespräche nicht schon im frühen Stadium zu „belasten“, hatten die drei sich abgesprochen, das Thema „Rosé“ eher zu meiden. So tendierten zwei von ihnen zu Rotwein – in der Rotweinstadt Ingelheim also eine durchaus zu erwartende Wahl. Der dritte war allerdings ein wenig auf Krawall gebürstet, ihm war danach, die Kandidatin ein wenig zu piesacken.

„Ich hätte gerne einen Schwarzriesling, habt ihr den auch im Angebot?“, stichelte er gleich zu Beginn.

Wenngleich Johanna gerne geantwortet hätte, dass sie für primitive Gesellen wie ihn auch einen Importwein, einen italienischen Primitivo*, hätten, biss sie sich auf die Zunge.

„Der Schwarzriesling ist leider schon ausverkauft, weil er äußerst beliebt ist", antwortete sie stattdessen, ohne so recht auf die Spitze des Gastes einzugehen.

Da seine Provokation ins Leere gelaufen war, versuchte er es erneut: Er stellte die – zumindest in diesem Falle – Mutter aller Fragen, denn trotz vorheriger Absprache wagte er sich an das Rosé-Desaster und hatte ergo auch keine sehr hohe Meinung von Johanna: „Ich nehme den Rosé, den Sie Herrn Pagots Begleiter serviert haben, sofern der noch in ausreichender Menge vorhanden ist. Können Sie mir eigentlich erklären, was der Unterschied zwischen Rot- und Weißweinen ist?" Nach dieser Frage lehnte er sich mit einem süffisanten Lächeln auf den Lippen zurück.

„Nun, Weißwein macht üblicherweise keine Rotweinflecken", begann die Kandidatin. Der „Provokateur" frohlockte schon, denn Johanna schien nach wie vor mit einer Antwort überfordert zu sein; auch die anderen beiden Herren vom Weinbauverband fühlten sich in ihren anfänglichen Sorgen bestätigt.

Da allerdings hatten sie ihre Rechnung ohne den Wirt, konkreter gesagt: ohne den Winzer gemacht, denn auf solche Fragen hatte man Johanna bestens vorbereitet.

„Das war natürlich nur ein kleiner Scherz", fuhr Johanna fort.

„Es gibt zahlreiche Rebsorten mit den unterschiedlichsten Besonderheiten. Rotwein wird aus dunklen Trauben gewonnen: durch das Auspressen, vor allem aber durch das Einmaischen erhält der Wein dann die dunkle, oft samtene Farbe. Auch sind Rotweine meist etwas weicher, weil einige Bitterstoffe fehlen, unter anderem weil die Trauben abgebeert werden. Oft ist diese fehlende Bitterkeit bzw. Säure ein entscheidender Grund für die Wahl des Weines."

An dieser Stelle setzte ein großes (bei dem Winzer, der Johanna piesacken wollte, ein eher enttäuschtes) Staunen ein, das im Verlaufe des Gespräches recht häufig durch anerkennendes Kopfnicken ergänzt bzw. ersetzt wurde. Keine Frage, diese junge Frau hatte ihre Lektionen gelernt.

Im Laufe des Abends besprach man nun die wichtigsten Fragen, die eine Regentschaft als Weinkönigin betrafen. Zu fortgeschrittener

Stunde hatte man dann endgültig geklärt, dass die Kandidatin des Hofgutes Kloster Teufelsberg in wenigen Wochen zur Ingelheimer Weinkönigin gekürt werden sollte.

„Ich denke, dass wir mit Johanna eine gute Weinkönigin haben dürften", fasste der Vorsitzende das Gespräch zusammen. Dabei dachte er nicht zuletzt auch an die öffentliche Wirkung und daran, dass diese Regentschaft auch auf die Medien einen starken Reiz ausüben dürfte.

„Noch eine letzte Frage hätten wir, die jedoch nichts mit Weinbau zu tun hat. Bei vielen Weinfesten gibt es Blasmusik und gerne spielen die Gruppen dann ein Lieblingslied der Weinkönigin."

Diese Besonderheit lässt sich am ehesten mit dem Einmarsch von Boxern auf ihrem Weg von der Kabine zum Ring vergleichen. Auch da hat jeder seinen eigenen Lieblingssong.

Die meisten Weinköniginnen wählten sich da unterschiedlichste Popsongs, was die Macher der „Dicke-Backen-Musik" oftmals in Verdrückung brachte, weil es gar nicht so einfach war, die passenden Notensätze für Tuba und Trompete zu organisieren. Wer einmal versucht hat, den „Highway to Hell" mit Orgel und Triangel zu spielen, wird die Problematik kennen. Wer jedoch schon mal beim Heavy-Metal-Festival in Wacken war, weiß natürlich, dass zumindest die dortige Feuerwehr bestens auf solche Situationen vorbereitet ist.

Bei diesem Thema sah der Jungspund aus dem Gästetriumvirat noch eine letzte Chance, seine Sticheleien fortzusetzen und Johanna Barbara Sprüngli in die Enge zu treiben.

„Vielleicht wäre ja ‚Schwarz-braun ist die Haselnuss' von Heino eine gute Idee", schlug er vor und fand, dass er überraschend spontan und schlagfertig gewesen sei. „Oder wäre ‚Die schwarze Barbara' nicht noch besser?", schob er sofort nach und hatte den Eindruck, dass er gerade richtig in Fahrt kam.

Aber Johanna Barbara beendete diese Fahrt sogleich mit einer Vollbremsung für ihn: „Ich nehme ‚Black Magic Woman'* von Santana – aber nicht des Titels, sondern des Textes wegen."

9. Die eebsch Seit oder: Die eebsch Seit

Während Johannas nunmehr begonnenen Grundausbildung, wie Michaels Familie es scherzhaft nannte, ging es um viele, man möchte fast sagen, alle den Wein betreffenden Fragen. Einerseits gab es durchaus Dinge, die sie irgendwie aufgeschnappt hatte oder sogar schon aus der Schweiz wusste. Andererseits sollten die Dinge strukturiert angegangen werden und so hatten Vater und Sohn ein Kompendium aufgestellt, bei dem nichts dem Zufall überlassen wurde – so zumindest hatten die beiden es sich vorgestellt.

Zu den wichtigen, ja beinahe wichtigsten Dingen gehörte die Kenntnis über die Weinanbaugebiete und ihre regionalen Besonderheiten. Die Unterschiede zwischen australischen, südafrikanischen und kalifornischen Weinen im Vergleich mit deutschen Weinen waren für Johanna leicht zu erkennen. Schließlich regnete es in großen Teilen der genannten Regionen so wenig, dass aus ihrer Sicht auch der Wein staubtrocken sein musste. Diese Eselsbrücke ließen die beiden ihr gerne. Allerdings widersprachen sie energisch, als sie eine ähnliche Eselsbrücke auch für die Relation stark säurehaltigen Weins mit der Harnsäure oft im Weinberg urinierender Winzer herstellen wollte.

Sie erläuterten ihr, dass man aufgrund der besonderen Trockenheit zum Beispiel in Australien – aber auch in vielen südeuropäischen Regionen – einfach andere, daran angepasste Rebsorten anbauen müsse und das Klima somit einen wesentlichen Faktor bei der Weinherstellung darstellen würde. An dieser Stelle erwies es sich als Vorteil, dass Johanna um die Folgen des Klimawandels wusste. So konnte sie sofort nachvollziehen, dass die Winzer in Rheinhessen und dem Rheingau wegen der steigenden Temperaturen über den Anbau anderer Rebsorten nachdenken mussten.

Ebenfalls zum „Lehrplan“ gehörten die Unterschiede zwischen den deutschen Weinanbaugebieten. Auch hier war leicht nachvollziehbar, dass die klimatischen Unterschiede zu stark variierenden Ergebnissen führen mussten. Das Mittelrheintal hatte nun einmal erheblich mehr Sonnenstunden als die Weinregionen an der Saale.

Schwierig wurde es allerdings, als Michael und sein Vater den Versuch unternahmen, die beiden Weinanbaugebiete Rheinhessen und Rheingau zu beschreiben. Es gebe nun mal andere, zum Teil ganz andere Böden, die jeweiligen mikroklimatischen Bedingungen seien andere und überhaupt könne man Rheinhessen ja nicht mit der „eebsch Seit“ vergleichen.

Michaels Vater setzte dem ganzen noch die Krone auf: „An sich haben die Menschen im Rheingau ja die schönere Rheinseite, weil sie den ganzen Tag auf Rheinhessen schauen dürfen.“

Da allerdings konterte Johanna, kannte sie doch diese regionalen Spitzen nur zu gut: ob es nun die Schweiz und Österreich, Köln-Düsseldorf, Mainz-Wiesbaden, Eltville und Kiedrich oder eben Rheinhessen und den Rheingau betraf: Die Unterschiede wurden meist völlig überbewertet und dabei übersehen, dass die jeweiligen Nachbarn bei nüchterner Betrachtung viel mehr verband als trennte.

So viel jedenfalls hatte sie schon erlebt in den Jahren, in denen sie zwischen Rheinhessen und dem Rheingau gependelt war. Auch in den letzten Monaten hatte sie einiges im Mittelrheintal gesehen. Dabei hatte sie zunehmend mehr Zeit mit Michael verbracht; sie waren auf diversen Weinfesten, aber hatten auch viele andere Orte besucht. Wenn man die gemeinsamen Aktivitäten anfangs noch als Arbeitstreffen sehen konnte, so wurde im Laufe der Zeit klar, dass es nicht nur das gemeinsame Projekt „Weinkönigin“ war, das sie verband.

Wenn Johanna ehrlich zu sich war, musste sie sich eingestehen, dass sie sich durchaus mehr mit Michael vorstellen konnte als die Vorbereitung auf die „Weinkönigin“.

Und wenn Michael ehrlich zu sich war, musste er sich eingestehen, dass er sich durchaus mehr mit Johanna vorstellen konnte als die Vorbereitung auf die „Weinkönigin“.

Und wenn Michaels Eltern ehrlich zu sich waren, mussten auch sie sich eingestehen, dass sie sich durchaus mehr mit Johanna und Michael vorstellen konnten, als die Vorbereitung auf die „Weinkönigin“.

Wie dem auch sei, Johanna konnte feststellen, dass die Menschen auf beiden Seiten sich ähnlicher waren, als sie es sich eingestehen wollten. Beide Regionen lebten vom Weinbau und Tourismus, beide Regionen hatten wunderschöne kleine Ortschaften, beide Regionen waren so schön, dass man sich einfach in sie verlieben musste. In beiden Regionen gab es nette Menschen, allerdings auch einige komische Kauze. In beiden Regionen sprachen die Menschen einen für Johanna unverständlichen Dialekt. In beiden Regionen galt sie nun einmal als Hergeloffene* – und in beiden Regionen bezeichnete man, so man denn überhaupt einen Gedanken daran verschwendete, das andere Ufer als „eebsch Seit“. „So viele Gemeinsamkeiten können kein Zufall sein“, sagte Johanna, denn sie war der Meinung, dass so viele Gemeinsamkeiten kein Zufall sein konnten.

10. Veganer Wein oder: Geht's noch?

Zu den Dingen, die Johanna am meisten mochte, gehörte es, durch die Weinkeller zu gehen, und im Hofgut Kloster Teufelsberg gab es davon jede Menge. Durch die gute Geschäftsentwicklung der letzten Jahre hatte man zwar vieles neu gebaut und so gab es moderne Lagerstätten für das edle Getränk. Johanna jedoch liebte besonders die Gewölbekeller, alte, leicht modrig riechende, aber die besten Weine beherbergende Räumlichkeiten, oftmals die Schatzkammer eines Weingutes.

Gerne schaute sie sich die Etiketten an, die viele Informationen enthielten. Einige wenige waren sehr aufwendig gestaltet und schon beim Ansehen lief ihr das Wasser im Munde zusammen. Die meisten jedoch waren eher nüchtern gestaltet und verrieten lediglich Rebsorte, Lage, Jahrgang und das Weingut.

Andere Weine waren noch nicht in Flaschen abgefüllt, sondern befanden sich noch in den Fässern; auch hier gab es große Unterschiede: viele Weine, insbesondere im Neubau, lagerten in Edelstahltanks, im Gewölbekeller dagegen fanden sich richtige Holzfässer, die alleine schon durch ihr Aussehen bei Johanna für eine weinselige Stimmung sorgten.

Auf einer ihrer Touren stolperte sie quasi über ein paar wunderschöne alte Fässer, und als sie die dazugehörigen Informationen las, musste sie erst einmal herzhaft lachen.

„Übertreibt ihr es nicht ein wenig mit der Anpassung an den Zeitgeist?“, fragte sie Michael, als sie ihn am späten Nachmittag traf.

„Ich verstehe nicht ganz, was du meinst“, antwortete Michael, denn er verstand wieder einmal nicht, was sie meinte. „Geht es um die Schraubverschlüsse statt der traditionellen Korken?“

Dies verneinte Johanna und bat ihn, ihr in den Keller zu folgen. Vor einem schönen Fass standen die beiden nun und sahen sich das alte Holzfass an.

„Meinst du den Hinweis ‚Barrique‘ auf der Informationstafel?“ – und schon befand er sich in einem Vortrag über die positive Wirkung, die sich durch die Beigabe von besonderen Holzspänen bzw. durch Verwendung von Fässern aus speziellen Hölzern ergibt.

Wenngleich sie sich bei der intensivierenden Wirkung durch die Beigabe besonderer Zutaten bei Drogen – Wein als alkoholisches Getränk zählte für sie dabei zu den eher sanften Drogen – recht gut auskannte (allerdings waren es bei ihr eher kleine bunte Pillen, die unter anderem die Eigenschaft hatten, Abschlussfeiern in unvergesslich intensive Partys zu verwandeln), verneinte sie süffisant.

„Ich hatte ja auch mal eine vegetarische Phase, einige Monate habe ich es sogar vegan versucht, aber veganer Wein*?“, brachte sie ihre Entdeckung vom Vormittag vor. „Was habt Ihr denn noch? Schwarze Raben, weiße Schimmel oder fliegende Vögel?“

Michael versuchte es mit einer Erklärung: In keiner Weise handele es sich hier um einen Pleonasmus – er fand das Wort so schön, seit er es im Leistungskurs Deutsch kennen und schätzen gelernt hatte. Vielmehr ginge es hierbei um eine besondere Nachbereitung im Keller, bei der man vollständig auf die Nutzung tierischer Hilfsmittel wie zum Beispiel Gelatine verzichte.

„Und in die anderen Weine packt ihr dann die ganzen Weinbergschnecken und Rebläuse?“, fragte Johanna anschließend lächelnd nach.

Da war es wieder: Dieses Lächeln, das Michael schon seit einiger Zeit nicht mehr losließ. Natürlich wusste er nur zu gut, dass Johanna ihn mit ihrer Frage provozieren wollte, aber die Art und Weise, wie sie ihn dabei anlächelte, hatte den Winzer schon öfter gepackt. Und in diesem Moment, als das Kerzenlicht im Keller des alten Gemäuers sich in den rehbrauen Augen der jungen Schweizerin spiegelte, wusste er, dass er nicht nur die zukünftige Ingelheimer, sondern auch seine ganz persönliche Weinkönigin vor sich hatte.

11. Süffig im Abgang oder: Da fehlen einem die Worte

In Sachen Sprache war Johanna als Schweizerin natürlich recht erfahren – schon früh hatte sie gelernt, dass jeder Beruf mit einem eigenen Sprachstil daherkommt, mal ganz davon abgesehen, dass dies in der Schweiz ja auch noch mit Deutsch, Französisch, Italienisch und Rätoromanisch der Fall ist. So fand sie es ganz natürlich, dass auch der Weinbau seine eigene Sprache hatte. Ihre ersten Erfahrungen zeigten, dass dies ganz offensichtlich so sein musste, wenn sie an Barrique-Fässer, das Schwefeln und viele andere Begriffe dachte, die sie in ihrer kurzen Zeit in Rheinhessen schon kennengelernt hatte. Allerdings gab es neben der Sprache im Betrieb auch noch die ganz besondere Sprache der Weintester. Seit der „Rosé-Nummer" war sie auf diesen Menschenschlag nicht besonders gut zu sprechen. Die Reaktion des Weinkritikers auf ihre kreative Mischung fand sie doch arg überzogen. Doch als zukünftige Weinkönigin war es natürlich notwendig, sich auch mit den Kritikern zu arrangieren.

Eines Abends gab es eine Blindverkostung einiger Teufelsberg-Weine. Wenn sie die Weine probierte, hatten diese in Sachen Geschmack aus ihrer Sicht keine sehr große Bandbreite: Entweder schmeckte ihr ein Wein oder er schmeckte nicht. Mitunter konnte sie vermittels eines eine halbe Stunde später einsetzenden Sodbrennens feststellen, dass der Wein recht säurehaltig gewesen war, aber das war es dann weitestgehend auch schon.

Etwas überrascht war sie nun darüber, dass die Herren – ganz überwiegend waren es in der Tat Männer – die von ihnen so gelobten Weine unmittelbar nach dem Gaumenkontakt schon wieder ausspuckten; dies taten sie nicht nur einmal, sondern den ganzen Abend. Dass sie alle die Weine nur abschmeckten, weil sie – wie Michael – keinen Alkohol zu sich nahmen, konnte sie sich nicht recht vorstellen.

Auch das, was sie von den Herren zu hören bekam, war selbst für sie doch etwas zu abstrus: Dieser Wein sei samtig, jener Wein sei luftig im Abgang, man schmecke das Terroir* heraus, die Aromen kämen fluffig daher, der Wein verbinde den Hauch von Aprikosen mit der feinen Note der Himbeere und so weiter.

Das alles klang doch arg konstruiert und gekünstelt. Daher war sie besonders auf die Bewertung der Nummer 13 gespannt: Da hatte nämlich sie mal wieder ein wenig die Finger im Spiel gehabt, auch wenn sie sich diesmal einfach nur etwas abgeschaut hatte.

Sie hatte nämlich einmal beoabachtet, wie ein Gast im Weinausschank den Wein „etwas nachveredelte", wie er es titulierte und wie sie selber es ja auch tat. Sie hatte ihn beobachtet und sprach ihn daraufhin an. Der gut achtzigjährige Gast hatte, nachdem sie den Wein an den Tisch gebracht hatte, in sein Jackett gegriffen und ein Fläschchen herausgeholt – flüssiger Süßstoff, wie er ihr später verriet.

Im Laufe seines langjährigen Weingenusses habe er festgestellt, dass die Winzer heute nur noch „so trocke Zeusch" machen würden. Früher sei das anders gewesen, da sei der Wein noch süß gewesen und habe noch geschmeckt. Johanna hatte ja schon ihre ersten Lektionen gelernt. Als sie daher einwendete, dass es doch eigentlich mild oder lieblich heißen müsse, meinte der Alte nur: „Dumm Gebabbel – Woi schmeckt nur sieß!"

Nun werden nicht nur Fachleute einwenden, dass die Süße eines Weines mit seiner Qualität nicht direkt etwas zu tun haben muss – an sich haben Süße und Qualität nicht einmal indirekt etwas miteinander zu tun.

Für diesen alten Herrn allerdings – und nicht nur für ihn – gab es sehr wohl einen ziemlich direkten Zusammenhang von süß und schmackhaft, wie er es ausdrückte.

Wie dem auch sei: Johanna hatte sich von dem alten Herrn inspirieren lassen und wollte sich davon überzeugen, ob die Fachleute wirklich so gute Geschmacksnerven hätten.

Die Weinprobe begann, das Unheil nahm seinen Lauf und Johanna konnte es nicht mehr abwenden. Als sie die insgesamt 15 Weine, die für den heutigen Abend festgelegt worden waren, in neutrale Karaffen umfüllte, griff sie bei der Nummer 13 die Idee des älteren Gastes auf, indem sie den Wein ein wenig nachbereitete.

Wie üblich begannen die Testenden ihre Probe mit den trockenen Weinen und arbeiteten sich über die halbtrockenen und die feinherben langsam zu den lieblichen vor.

„Hoffentlich bringt die 13 kein Unglück“, flachste einer der Fachleute noch. Nur kurze Zeit später hatte er den Eindruck, dass ihm „einige Synapsen durchknallten und seine Puperzen verharzte“, wie er es später zu bezeichnen pflegte.

Dass die Geschmäcker der Weintester zumindest in diesem einen Falle im Gleichklang funktionierten, stellten Johanna und Michaels Familie wenige Sekundenbruchteile später nahezu zeitgleich fest. Alle Tester nutzten ihre für die Weinreste gedachten Karaffen als „Übelkübel“ und entledigten sich rasch des ihnen vorgesetzten.

Während die Testenden sich ratlos umsahen, wanderten die Blicke von Michael und seinen Eltern geradewegs auf Johanna zu, die immer kleiner wurde. Als sie – zumindest gedanklich – die 1,50 Meter lange unterschritten hatte, hielt sie es für angebracht, den Weinkeller auf kürzestem Wege zu verlassen.

„Ich nehme an, dass die Nachveredelungsform unseres Gastes wohl doch nichts für jedermann ist“, gab sie später kleinlaut zu.

„Ich nehme an, dass die Nachveredelungsform unseres Gastes wohl für niemanden etwas ist – außer für ihn selber“, präzisierte Michaels Vater diese Aussage von Johanna sogleich.

„Noch so eine Nummer und dann war es das mit der Weinkönigin“, jammerte die Mutter und Johanna versprach hoch und heilig, nie wieder in den Produktionsprozess des familiären Weingutes einzugreifen.

Nachdem alle Gäste und auch Michaels Eltern die Probierstube bereits verlassen hatten, waren Johanna und Michael noch mit dem Wegräumen der Gläser und Stühle beschäftigt. Wieder einmal bestaunte er ihre Dread-locks, an denen er sich nicht sattsehen konnte. Wieder einmal sah er ihr strahlendes Lächeln, das sich so wunderbar von ihrer dunklen Hautfarbe abhob – und wieder einmal fühlte er, dass er sie nicht nur zur Ingelheimer Weinkönigin machen wollte.

„Das war ja jetzt nicht dein erster ‚Unfall', um es mal so zu nennen", stellte Michael fest, dem es gar nicht so unrecht war, dass sie nun alleine waren.

„Tja, ein Unfall war es ja nicht direkt, mich hat das irgendwie gereizt, herauszufinden, ob die wirklich alles herausschmecken", gab Johanna zu.

„Ich kann dir auch nicht genau sagen, ob diese Tester wirklich alles herausfinden, obwohl ich weiß, dass sie schon ziemlich gut sind. Allerdings habe ich heute Abend etwas ganz anderes herausgefunden", begann er etwas unsicher.

„Was denn?", antwortete sie unschuldig, während sie Michaels Konturen im Schatten der Kerzen sah und sehr wohl spürte, dass ein ganz besonderer Moment bevorstand.

Michael kam näher, legte einen Brotkorb und zwei Flaschen, die er in den Händen hatte, beiseite, nahm auch Johanna das Tablett mit einigen Gläsern aus der Hand, beugte sich zu Johanna herab und schaute ihr lange in die Augen. Als er das Funkeln in ihren Augen bemerkte, war ihm klar, dass Johanna genau wie er fühlte. Er umschlang sie und gab ihr einen ersten langen Kuss.

„Ich möchte mit dir zusammen sein, nicht nur im nächsten Jahr, wenn du Weinkönigin bist, sondern immer", stieß er die entscheidenden Worte heraus.

Johanna versuchte zu antworten, doch ihre Stimme versagte. Und so reckte sie sich, zog Michael etwas herunter und es folgten viele weitere Küsse.

„Das mit den Unfällen tut mir wirklich leid und wird bestimmt nicht wieder vorkommen", sagte sie, obwohl sie sich dabei nicht sicher war.

Doch Michael war das in diesem Moment egal. Das Thema Weinkönigin war für ihn in diesem Moment wieder genauso unwichtig wie früher. Wichtig war nur, dass Johanna und er zueinander gefunden hatten.

12. Der Endspurt oder: Es wird ernst

Nachdem Johanna nun schon einige Monate ihr Fachwissen aufpoliert hatte, spürte sie wenige Wochen vor der „Krönung“ zum ersten Mal so etwas wie Nervosität. Wobei Nervosität in diesem Zusammenhang eine doch leicht schmeichelnde und arg untertreibende Beschreibung war. Natürlich ist jede Ingelheimer Weinkönigin vor „ihrem“ Rotweinfest aufgeregt, doch ist dies meist nachvollziehbar, denn im Regelfall wird eine junge Frau nur einmal Weinkönigin. Im Gegensatz zu Johanna waren sie jedoch meist aus Ingelheim selber oder gehörten zu einem „Jahrgang“, der in den letzten Jahren bereits eine Weinkönigin gestellt hatte. Im Idealfall waren sie im Vorfeld auch schon Weinprinzessin gewesen, kannten daher die Abläufe, waren mit den Aufgaben der Weinmajestäten vertraut und hatten selber schon einige Male Ingelheim bei Feierlichkeiten vertreten.

Bei Johanna jedoch war fast alles anders: Sie stammte nicht aus Rheinhessen, kam aus keiner Winzerfamilie, sprach einen schweizerdeutschen Akzent und würde die erste „schwarze“ Weinkönigin werden. Das waren für eine nur bedingt progressive beziehungsweise strukturell eher konservative Region wie Rheinhessen schon jede Menge Neuerungen in nur einem Jahr.

Obwohl Johanna mit einem Selbstbewusstsein ausgestattet war, das mit dem von Cassius Clay verglichen werden konnte, war sie unsicher – weniger allerdings in Bezug auf sich selber, sondern eher in Bezug auf die Reaktionen der Ingelheimer.

So gab es einen Leserbrief eines „besorgten Bürgers“ in der lokalen Presse, der davor warnte, dass eine „Schwarze“ als Weinkönigin ein derartiger Tabubruch wäre, dass die „Heimat“ ihre Wurzeln verraten würde und dass es letztlich keine Werbung für die Stadt, sondern ihrem Ansehen schädlich wäre.

Glücklicherweise zeigte sich jedoch, dass die Stadt und ihre Menschen offener waren, als Johanna es sich selbst in ihren kühnsten

Träumen hätte vorstellen können. Eine Mitbürgerin traf den Nagel auf den Kopf, als sie dem Leserbriefschreiber entgegnete:

„Der bekannteste Ingelheimer war Sebastian Münster, der bedeutendste Kosmograph Deutschlands, dessen Namen unser Gymnasium nicht ohne Grund trägt. Er hat schon vor gut 500 Jahren erkannt, wie unbedeutend die Unterschiede der Erdteile, Länder und Regionen sind. Wir alle sind seinem Erbe verpflichtet."

Sie verwies auch noch auf den Sebastian-Münster-Platz in der „Neuen Mitte", dem neu gestalteten Zentrum der Kaiserstadt Ingelheim, der ebenfalls nicht ohne Grund so genannt worden sei.

Die überwiegende Mehrheit der Menschen in Ingelheim fand die Entscheidung für Johanna gut und richtig. Nicht zuletzt dieser letzte Leserbrief sorgte jedoch dafür, dass letzte Zweifel ausgeräumt wurden und die Vorfreude auf diese ganz besondere Krönung stieg.

13. Die Krönung oder: Jetzt geht's los

Dass es für Johanna langsam ernst wurde, war unübersehbar, als eines Abends eine große Delegation zur offiziellen Vorstellung der Weinmajestäten im Weingut Kloster Teufelsberg auftauchte. Neben der designierten Weinkönigin wurden auch die beiden Prinzessinnen vorgestellt, zwei „Ingelummer Mädcher“: Brünhild und Kriemhild.

Bei dieser Gelegenheit verriet der Oberbürgermeister dann unter tosendem Applaus aller Gäste, dass er sich den Leserbriefschreiber geschnappt und ihn „langgemacht“ habe, was auch immer darunter zu verstehen war.

„So ein brauner Geselle ist die schlimmste Werbung für unsere Stadt“, habe er ihm gesagt und klargestellt, dass Ingelheim eine weltoffene Stadt sei, in der Hass, Rassismus und Menschenfeindlichkeit keinen Platz hätten.

„Die neue Weinkönigin wird ein Zeichen unserer Weltoffenheit sein“, ließ der Tourismusverband verlauten – und auch die Einheimischen waren froh, dass Ingelheim mit dieser Wahl bundesweit in die Schlagzeilen kommen würde. Schließlich erwartete man zur diesjährigen Krönung neben den üblichen Verdächtigen der regionalen Presse auch einige Vertreter überregionaler Medien, darunter sogar einige Fernsehteams, die sich unmittelbar nach Bekanntwerden der royalen Personalie zum Rotweinfest angemeldet hatten.

Schon wenige Tage vor dem Fest wurden die Fremdenzimmer in Ingelheim und Umgebung knapp. Auch wenn die Verantwortlichen damit gerechnet hatten, dass Johannas Krönung für mehr Aufmerksamkeit als üblich sorgen würde, hatte niemand einen solchen Hype erwartet.

Bereits am Vorabend hatten sich die ernst zu nehmenden deutschen Fernsehsender und auch die nicht ernst zu nehmenden deutschen Fernsehsender mit einem Team eingefunden. Zudem hatten mehrere TV-Anstalten aus dem europäischen Ausland – insbesondere natürlich aus der Schweiz – ihre Zelte aufgeschlagen und Zimmer reserviert. Sogar Fernsehleute aus Südafrika und Japan waren vor Ort: Die Japaner kamen eigentlich nur, weil sie gerade ein „Special" über das berühmte Rüdesheim am Rhein drehten. Als sie hörten, dass es auch auf der anderen Rheinseite Wein gäbe, wurden sie neugierig, zumal es sich um Rotwein handeln sollte, was für die Menschen aus dem Land der aufgehenden Sonne etwas ganz Besonderes war. Zuvor waren sie bei ihren Rüdesheimer Recherchen ganz offensichtlich zwischen Drosselgasse und dem mit einem schottischen Namen versehenen Schnellrestaurant hängen geblieben – ohne den Weg nach Assmannshausen, dem Rheingauer Rotweindorf, zu finden.

Die Südafrikaner schließlich kamen aus einem ganz anderen Grund. Sie hatten gehört, dass ein vermutlich aus ihrem Land stammendes Mädchen mit schwarzer Hautfarbe in einem ur-deutschen Ort Weinkönigin werden solle; für ein Land, in dem die Apartheid noch nicht so lange zurücklag, eine äußerst spannende Sache, wie der Leiter des Europastudios des staatlichen südafrikanischen Fernsehens befand. Er durfte durchaus ein Freund des Rotweins genannt werden und fand somit einen guten Grund, das Angenehme mit dem Nützlichen zu verbinden, wie er es formulierte. Hinzu kommt, dass der Weinbau in Südafrika ja seit Jahrhunderten eine feste Größe ist und sich auch deshalb viele Zuschauer für dieses Thema erwärmen dürften.

Für die Gäste des Festes war das meiste wie immer. Der Marktplatz war gut gefüllt, die „Jahrgänge" mit ihren Fahnen bestens vertreten, in großer Zahl und natürlich auch stimmgewaltig.

Die bisherige Weinkönigin dankte ab, der Oberbürgermeister fand lobende Worte über ihre Amtszeit und dankte sowohl ihr als auch den Prinzessinnen.

Danach wendete sich der Oberbürgermeister der neuen Königin zu und spätestens in diesem Augenblick bemerkten auch die letzten Gäste, dass in diesem Jahr doch etwas anders war als sonst. Zwar trugen die Prinzessinnen auch in diesem Jahr die traditionellen grünen Kleider – und auch die neue Weinkönigin war im gewohnt kräftigen dunkelrot zu sehen. Eine Premiere war jedoch die Kombination dieses dunkelroten Kleides mit einem strahlend weißen Lächeln, einem Lächeln, das auf Johannas Gesicht einen ungewohnten Kontrast bildete, zumindest einen ungewohnten Kontrast für eine Ingelheimer Weinkönigin.

Plötzlich liefen die Kameras aller anwesenden TV-Anstalten, es gab ein Gedränge bei den Fotografen und aufgrund dieser doch etwas ungewöhnlichen Umstände kam auch der Oberbürgermeister verbal ein wenig ins Straucheln – schließlich hatte auch er noch nie vor 17 gleichzeitig laufenden Fernsehkameras gesprochen. Allerdings fing er sich rasch wieder, denn es war ja schon seine zehnte Krönungsfeier. Neben vielen anderen Dingen wünschte er Johanna und ihren zukünftigen Prinzessinnen eine abwechslungsreiche und spannende Regentschaft – und als am Ende die rot-weißen Luftballons aufstiegen, war es an sich wieder wie in jedem Jahr.

Festlich wie immer war auch der anschließende Festzug zum Gelände der Burgkirche, wo das Weindorf und die entsprechende Kerb aufgebaut waren.

Am Kerbeplatz vor dem Zelt endete der Zug, Johanna und ihre Prinzessinnen trafen viele Leute, unterschrieben fleißig Autogrammkärtchen und stellten sich für Erinnerungsfotos mit den Gästen zur Verfügung.

„An sich alles wie immer“, sagte ein alter Ingelheimer.

„Aber das rote Kleid mit der schwarzen Königin – ein Gedicht!“, schwärmte seine Frau.

„Davon werden noch unsere Enkel erzählen!“

14. Japan oder: „Der mit dem Schwert tanzt“

Nach der Krönung kamen auch schon bald die ersten Aufgaben auf Johanna zu. So wurde sie zu den nicht wenigen Weinfesten in der Region eingeladen, bei denen andere Gemeinden ihre Königinnen krönten. Zu den wichtigen Aufgaben zählte natürlich auch die Werbung für Ingelheimer Rotwein – und zwar überall.

Dass es sie deshalb auch auf die Wein- und regionale Verkaufsmessen verschlug, war nicht weiter verwunderlich. Etwas Besonderes war da schon die japanische Partnerstadt von Ingelheim, Kagachi*. Auf der nördlichen Hauptinsel Hokkaido gelegen, feierte sie in jenem Jahr ihr 700-jähriges Bestehen. Wie es sich gehörte, lud man dazu ganz selbstverständlich Gäste aus Rheinhessen ein – und zu diesen Gästen wiederum gehörte ganz selbstverständlich auch die Ingelheimer Weinkönigin.

Selbst wenn die Partnerschaft schon einige Jahrzehnte währte, wäre es doch verwegen gewesen, den persönlichen Austausch quantitativ mäßig zu nennen, selbst sporadisch wäre schon hoch gegriffen gewesen. Dies hatte im Wesentlichen zwei Gründe: die Entfernung und die Entfernung.

In der Folge wären da natürlich noch andere Gründe zu nennen, die hinzukamen: der hohe Zeitaufwand, die Kosten und auch die recht schwach ausgeprägten Japanischkenntnisse der Ingelheimer (leider hatten sowohl das altehrwürdige Sebastian-Münster-Gymnasium als auch die Kaiserpfalz-Realschule und die Gesamtschule in Ingelheim Japanisch nicht als erste Fremdsprache im Programm – auch mit Blick auf Japanisch als zweite oder dritte Fremdsprache sah es nicht besser aus). Auf der Gegenseite war die Situation nicht viel besser – das heißt, natürlich sprachen die Menschen in Kagachi hervorragendes Japanisch, aber mit dem Deutschen tat man sich schwer. Dass es einige deutsche Lehnwörter in die japanische Sprache geschafft hatten, hätte zwar grundsätzlich eine Hilfestellung sein können, aber dummerweise fristen Worte wie Gasumasuku (Gasmaske) oder Ederuwaisu (Edelweiß) ein eher kümmerliches Dasein sowohl im Alltag als auch bei einem internationalen Städteaustausch. Da riss es auch das Weingarusu für Weinglas nicht wirklich heraus.

Insgesamt gab es also jede Menge guter Gründe für die eher spärlich zu nennende Beteiligung.

Dennoch gab es auch in diesem Jahr wieder eine kleine, aber feine Ingelheimer Delegation, zu der selbstverständlich die Weinkönigin gehörte – schließlich war es ihre Aufgabe, den Ingelheimer Wein zu repräsentieren. Neben Michael nutzten auch andere Winzer die Gelegenheit, sie zu begleiten, teils aus geschäftlichen Gründen, teilweise aber auch aus reinem Interesse am Land der Samurai.

Eine nicht unerhebliche Ausweitung der Teilnehmerzahl erhielt die Ingelheimer Delegation durch den Vorstand des Verbandes deutscher Kürbiszüchter – doch auch ihm ging es weniger um persönlichen Austausch, sondern um die Heimat des in Deutschland als Hokkaido bekannten Kürbisgewächses.

Am Neujahrstag ging es abends los, und da es weder von Frankfurt noch von Hahn einen Direktflug auf die Nordinsel Japans gab, wurde es mit der Zwischenlandung in Tokio ein langer Tag, der durch das Überspringen mehrerer Zeitzonen nicht angenehmer wurde. In Kagachi angekommen sahen die Gäste außer dem Hotel nicht mehr viel. Am nächsten Tag folgten Besuche im Rathaus, bei der Bezirksregierung und beim Verband nordjapanischer Reisbauern, bis es am späten Nachmittag zum ersten Mal auf ein Kürbisfeld ging. Für den Laien nicht weiter verwunderlich, war es vor Ort für die „Fachleute" mehr oder weniger eine Überraschung, dass der Cucurbita Maxima auch dort nicht anders wächst als in Deutschland, nicht anders schmeckt und auch nicht anders zubereitet wird. Wobei es schon ein Restaurant mit Vorführküche gab, bei dem einiges anders war als gemeinhin üblich, und genau deshalb hatten die Gastgeber diese Lokalität ausgesucht.

Ein augenscheinlicher Nachfahre der Samurai schien dort alte Traditionen fortzuführen und zerlegte die Kürbisse in einer Geschwindigkeit, die selbst die in Tarantinos Kill Bill siegreichen Protagonisten zur sofortigen Kapitulation gebracht hätte. Noriaki Musashi war in der Tat ein Nachfahre des legendären Miyamoto Musashi, der im 16. und 17 Jahrhundert die damalige Samurai-Elite mit einem Holzschwert besiegte. Wenngleich Noriaki einer mittlerweile extrem unbedeutenden Seitenlinie angehörte, pulsierte ganz offensichtlich seines Ahnen Blut in seinen Adern. Allerdings wurde ihm das Führen des altehrwürdigen Holzschwertes untersagt: Die örtliche Lebensmittelkontrollbehörde scheute das Risiko von Holzspänen in den geviertelten Kürbissen.

Noriaki Musashi ließ sich am besten als eine Mischung aus HB-Männchen und Springteufel mit dem Arbeitstempo von Speedy Gonzalez bezeichnen, hatte sein Katana so im Griff, dass die Schalen der Kürbisse nur so durch die Luft wirbelten. Die farbigen Spritzer hoben sich sehr schön vom weißen Shoji vor der Küche ab – der Mann trug nicht ohne Grund ein orangenes Gewand.

Dieser Abend war nicht nur in dieser Hinsicht ein kreativer. Die durch die endlosen Übersetzungsphasen entstehenden Gesprächspausen wurden für die Verkostung von „normalem Wein" von der Insel Hokkaido sowie von Reiswein und Hokkaido-Schnaps genutzt. So nahm es nicht wunder, dass die zu übersetzenden Inhalte immer skurriler wurden. Am Ende des Gespräches wurde eine Vereinbarung ins Auge gefasst, die Grundlage für einen Ingelheimer Hokkaido-Wein sein sollte. Man wollte zukünftig einen Rotwein anbieten, der nicht die „handelsüblichen" Geschmacksaromen „Apfel, Johannisbeere, Kirschen und so weiter" beinhaltete, sondern mit Hokkaido-Kürbissen geschmacklich angereichert werden sollte. Wenngleich klar war, dass diese Idee an sich ein knallharter Verstoß gegen das Weingesetz war, war man sich gleichzeitig sicher, dass man das schon irgendwie regeln würde.

Dass ausgerechnet diese Idee des Hokkaido-Weins, die im Folgejahr viele tausend Euro vernichtete, nach der Heimkehr als Meilenstein der japanisch-deutschen Städtepartnerschaft gefeiert wurde, war – um es vorsichtig zu formulieren – etwas vollmundig; Kritiker sprachen im Nachgang von einem ziemlich fragwürdigen Einfall.

Johanna hielt sich bei dieser fachlichen Diskussion – man musste sie im Nachhinein wohl eher als unfachlich bezeichnen – sehr zurück und auch Michael trug nicht viel dazu bei, was sich im Nachhinein als klug beschreiben lässt.

Johannas Hauptaufgabe bei diesem einwöchigen Aufenthalt auf Japans nördlicher Hauptinsel bestand darin, auf einer Verbrauchermesse für den deutschen Wein zu werben. Schon beim bloßen Anblick einer Weinprinzessin in traditioneller Kleidung wurden die Japaner ganz wuschig. Das Accessoire *Krone* ließ bei ihnen dann sämtliche Dämme brechen.

Grundsätzlich erweckt ja vieles, was mit Deutschland zu tun hat, in Japan ein besonderes beziehungsweise exotisches Interesse. Wer jemals im Sommer die Drosselgasse in Rüdesheim durchschritten hat, weiß, wovon die Rede ist. Es ist schlicht unmöglich, mehr als vier Schritte zu gehen, ohne eine japanische Gruppe zu treffen.

Wer jemals im Sommer die Drosselgasse in Rüdesheim durchschritten hat, weiß aber auch, dass die Trinkfestigkeit der Japaner so ausgeprägt wie die demokratische Grundhaltung von Wladimir Putin ist.

Doch dies focht Johanna nicht an, sodass sie munter mit Piffcher-Gläschen auf die Messebesucher losging, um sie von den Vorzügen des Ingelheimer Rotweins zu überzeugen. Dass sie und ihre Mitstreiter das sehr ordentlich taten, zeigte die Tatsache, dass die mitgebrachten Weinreserven erheblich früher als geplant ausgeschenkt waren.

Johanna und auch die Reiseleitung waren überaus zufrieden mit dieser Reise, denn neben dem Erfolg auf der Messe gab es ja auch die wegweisende Vereinbarung „Hokkaido-Wein“, auch wenn sich diese als Flop erweisen sollte.

Und so sah man nach einer Woche nur zufriedene Gesichter. Alle waren der Meinung, dass Johanna ihre Sache besonders gut gemacht hatte und dass es einen besseren Start in ihr Jahr als Weinkönigin nicht hätte geben können.

15. Der Spieler oder: „17 fällt“

Nur wenige Tage nach ihrer Rückkehr aus Japan eröffnete Michael Johanna, dass er den kommenden Samstag nutzen wolle, um ihr eine weitere schöne Seite der Region vorzustellen. Keine Geringeren als Fjodor Michailowitsch Dostojewski, Richard Wagner oder Elvis Presley hätten an diesem Ort schon Zerstreuung gesucht und auch er selber habe dort schon manche reizvolle Stunde verbracht. Am späten Nachmittag warf er sich in Schale, was allerdings bei ihm nicht besonders viel zu bedeuten hatte. Immerhin konnte Johanna bei ihm eine Krawatte bemerken, eine Premiere, denn bisher hatte sie ihn zwar schon gelegentlich im Anzug, noch nie aber mit einem Binder gesehen.

Ganz offensichtlich also eine etwas bedeutendere Veranstaltung, dachte sie sich und holte dementsprechend ihr Kleines Schwarzes aus dem Schrank. So machten sie sich auf die kurze Reise nach Wiesbaden. Als sie zum Bowling Green kamen, dachte Johanna zunächst, sie würden ins Staatstheater gehen, das sich zu ihrer Rechten auftat. Michael hatte jedoch die Spielbank im Sinne.

„Und was machen wir jetzt hier?“, wollte Johanna wissen, die doch arg erstaunt über das Reiseziel ihres Begleiters war. „Irgendwie gehört das Roulette für unsere Familie mit dazu“, erläuterte er ihr, kaum, dass sie die Innenräume erreicht hatten. „Mein Großvater hat hier Elvis getroffen und mein Ururgroßvater spielte 1871 zusammen mit Richard Wagner und Fjodor Dostojewski!“

„Dein Ururgroßvater kannte Dostojewski?“, hakte Johanna erstaunt nach und ging – mit innerer Krätze – im Geiste „Schuld und Sühne“, „Die Brüder Karamasow“ und vor allem „Der Spieler“ durch.

„Na ja, kennen ist ein wenig untertrieben, mein Ururgroßvater und er waren sogar Freunde“, berichtete Michael der erstaunten Johanna. Dass es sich in Wirklichkeit eher um eine Spielerfreundschaft als eine Freundschaft im üblichen Sinne handelte, behielt er lieber für sich.

„Er hat ihm unter anderem 100 Reichsmark geliehen und mein Großvater hat tatsächlich den Schuldschein mal gesehen", erläuterte Michael die damalige Situation so, wie sie die Familienchronik überlieferte.

Geliehen war indes wohl die falsche Wortwahl, denn zurück bekam er die 100 Reichsmark nie. Damit befand sich Michaels Ahn definitiv in guter Gesellschaft, denn Dostojewski pumpte seinerzeit im Spielrausch ganz offensichtlich jeden an, der nicht bei drei auf dem Baum war. Aus Michaels weiteren Erzählungen erfuhr Johanna dann auch, dass die „abgeschriebenen" 100 Reichsmark letztlich gar nicht so ins Gewicht fielen, da sein Ahn damals ebenfalls seine Spielsucht nicht vollständig im Griff hatte.

Während „sein Kumpel Dostojewski" – unter dieser Bezeichnung sollte der Schriftsteller in der Familie Kultstatus erreichen – an jenem Abend Haus und Hof verlor, zumindest im übertragenen Sinne, war es bei Michaels Vorfahr „lediglich" die noch nicht eingebrachte Lese des Jahrgangs 1870/71 gewesen. Keine Frage, das war kein Ruhmesblatt in der Familienchronik, hielt allerdings kaum einen in Michaels Familie davon ab, sein Glück erneut hier zu versuchen. Dass es in der Regel dann eher das Pech bestimmte, was sie mit nach Hause brachten, stand auf einem ganz anderen Blatt. Seit der Dostojewski-Aktion war auch klar, dass der alte Spielertrick („Nimm nicht mehr Geld mit, als du verspielen willst!") in seiner Familie so nicht zu funktionieren schien und in der Vergangenheit schon häufiger gescheitert war. Um Johanna nicht zu beunruhigen, erwähnte er diesen Teil der Familiengeschichte jedoch nicht.

„Ich habe 200 Euro mit, und wenn die weg sein sollten, ist halt Schluss für heute", erzählte er Johanna und schon saß er am Tisch. Nach günstigem Verlauf – er schaffte es, fast vier Minuten ohne Verlust zu spielen –, wendete sich das Blatt, wenngleich es doch eher die Kugeln und keine Spielkarten waren, die für das finanzielle Wohl und Wehe verantwortlich waren. Er rutschte völlig überraschend (vor allem für ihn selber) sogar in die Gewinnzone und dort verblieb er längere Zeit. Der – im Nachhinein – gute Ratschlag von Johanna, jetzt Schluss zu machen, denn er sei ja nun gut 400 Euro im Plus, verhallte nicht ungehört, wohl aber unbeachtet und so kam es, wie es kommen musste: Die Bank gewinnt immer.

Glücklicherweise hatte Michael an die eiserne Reserve Kleingeld für Garderobe und Parkhauskasse gedacht.

Diese ganz neue Seite an Michael hatte Johanna ziemlich überrascht, aber da sie weder spielen noch fahren musste, hatte sie sich einige Gläser Schaumwein aus heimischer Produktion gegönnt und war trotz des verlustbringenden Abends guter Dinge.

Trotz des bescheidenen Ergebnisses wurde es keine traurige Heimfahrt, was unter anderem daran lag, dass Michael einen kleinen Umweg über Mainz-Kastel nahm. Als Johanna sich wunderte, dass sie bereits in Mainz waren, ohne dass sie den Rhein überquert hätten, erklärte ihr Michael, dass neben Kastel noch zwei weitere Stadtteile von Mainz auf der „eebsch Seit" liegen würden. Nach dem Zweiten Weltkrieg seien sie jedoch Wiesbaden anheimgefallen, weshalb sie offiziell nur noch dem Namen nach zu Mainz gehörten.

Als sie dann doch noch den Rhein überquerten, begann Michael anschaulich zu schildern, was sich gut zehn Jahre vorher zwischen der Theodor-Heuss-Brücke und dem Kurfürstlichen Schloss mit seinem Kumpel Gunter auf ihrer Heimfahrt von den Nibelungen-Festspielen zugetragen hatte.

Nicht zuletzt deswegen wurde dies dann auch der Abend, an dem Johanna damit aufhörte, Michael nach den Gründen für seine Alkohol-Abstinenz zu befragen.

16. Streit im Weingut

Nicht erst seit dem spektakulären Rümmelsheimer Weinpansch-skandal und seinen existenzbedrohenden Folgen gab es immer mehr Winzer, die ihren Betrieb anders bewirtschaften wollten. Der Skandal war ja letztlich nur die „Spitze vom Eiswein“ (auch dieser von Michaels Großvater geprägte Begriff gehörte zu den „Klassikern“ in der Familie) in Bezug auf den Umgang mit Stoffen, die Weintrinkende gemeinhin nicht im Wein vermuten. Ob es um Kupfer, Schwefel, Pestizide, Herbizide oder aber wie seinerzeit Glykol ging, es waren doch so einige Stoffe im Wein, die zwar hehre Ziele hatten (Schutz vor Schädlingen, stärkere Resistenz gegen die Unbilden der Natur), aber nicht dem entsprachen, was man mittlerweile von einem Naturprodukt wie Wein erwartete.

Wenn er mit „Unkrautvernichtern“ aufs Feld fuhr, fragte Michael sich immer öfter, ob das denn im Sinne des Erfinders war. Natürlich geschahen diese Arbeitsgänge, um zu verhindern, dass die böse Reblaus, der gemeine Mehltau oder die schnuckelige Kirschessigfliege sich in den Weinbergen breit-, es sich auf den Weintrauben gemütlich und dem Wein den Garaus machten. Aber der Einsatz größerer Mengen von Kupfer und Schwefel sowie die Verwendung von Herbiziden oder Pestiziden konnte ja auch nicht das Gesündeste sein – diese Erkenntnis reifte bei Michael, seit er sich damals mit Johanna im Weinkeller über veganen Wein unterhalten hatte. Er wollte, nein, er musste anders arbeiten.

Als Jungwinzer hatte er in der Geisenheimer Fachhochschule gelernt, dass es auch anders ging. Natürlich war das schon mit erheblich mehr Arbeit im Weinberg verbunden. Hinzu kamen geringere Erträge und einige andere Nachteile. Auf der anderen Seite konnte man so einen Wein erzeugen, der Michaels Anspruch von „reinem Wein“ viel eher gerecht wurde.

Doch dummerweise konnte man nicht einfach mal so auf biologischen Weinbau umsteigen. Es galt vielmehr, eine mehrjährige Umstellungsphase durchzustehen, in der man zwar schon auf biologische Weise Weinbau betreiben musste, aber den Wein noch nicht als Öko-Wein* bezeichnen durfte.

Trotzdem wollte Michael diesen Weg gehen. Schließlich achtete er generell auf gesunde Ernährung mit möglichst vielen Bio-Produkten. Lebensmittel, in deren Produktionskette Kupfer oder Pestizide vorkämen, würde er niemals kaufen. Genau dies legte er bei seiner Entscheidung für Öko-Wein zugrunde, sodass dieser Weg für ihn vorgezeichnet schien. Offen war nur noch die Frage des Zeitpunktes der Betriebsumstellung.

Dies sah nicht nur er so: Johanna stimmte mit ihm überein, hatte sie doch in ihrem Amt schon zahlreiche Betriebe kennengelernt, die hervorragenden Wein erzeugten und den Einsatz von Pestiziden oder ähnlichen Mitteln reduzierten oder schon ganz darauf verzichteten.

Allerdings gab es da ein kleines Problem, das sich mit der Zeit als immer größer werdendes Problem erwies: Seine Eltern sahen die Notwendigkeit einer Umstellung etwas anders als er – bei Licht betrachtet sahen sie überhaupt keine Notwendigkeit für eine solch gravierende Veränderung.

An dieser Stelle zeigte sich wieder einmal die überragende Qualität der familiären Diskussionskultur: Man tauschte die Meinungen aus und beließ es zunächst dabei. Aus dem „zunächst Belassen" wurde dann ein eher zu meidendes Thema, das sich dann crescendoartig zu einem Tabu-Thema entwickelte.

Dies alles geschah meist so, dass die Meinungen der einzelnen Diskutanten unverändert und im Regelfall auch unausgesprochen blieben. Eine offene Diskussion fand also nicht statt.

Subtile Versuche von Michael, weniger Schwefel oder Kupfer einzusetzen, indem er diese beim Einkauf einfach „vergaß", wurden durch den Vater rasch egalisiert. So geschah in Bezug auf Michaels Anliegen zunächst einmal wenig, konkreter gesagt: Es geschah nichts.

17. Der entfernte Verwandte oder: „Ich mach mein Ding, egal, was die anderen sagen ...“

Eines Tages flatterte ein Brief der – glücklicherweise – nicht so exorbitant häufigen Sorte auf den Hof. Es war ein weißer Umschlag mit schwarzem Rand, gemeinhin eine Nachricht, die eher Trauer denn Freude überbringt, und so war es auch in diesem Falle. Ein entfernter Verwandter aus Eltville, sprich von der anderen Rheinseite, war verstorben.

Die Verwandtschaftsverhältnisse zu ihm waren für Michael nie wirklich durchschaubar gewesen und auch seine Eltern hatten eigentlich nie über ihn gesprochen. Ganz offensichtlich, so erschloss sich Michael die Situation, musste es wohl eine heftige Fehde gegeben haben. Auch hierbei hatte die schon beschriebene Kommunikationskultur der Familie dafür gesorgt, dass es keine Annäherung gab. Michael hatte bis heute nicht erfahren, was eigentlich der Auslöser für die ganz offensichtlich schwerwiegenden Differenzen gewesen war. Hätte er diesen Auslöser gekannt, hätte er auch um den Stellenwert seiner mit den Eltern geführten Diskussion zum Öko-Weinbau gewusst.

Letztlich gehörte der Verwandte zu den Öko-Winzern der ersten Generation und hatte früher in Rheinhessen gelebt. Er war also als einer der ersten der Meinung, dass man bei der Herstellung von Wein manche Dinge anders machen könnte. Dies galt sowohl für die Arbeit im Weinberg als auch für die Verarbeitung im Weinkeller. So veränderte er einige Abläufe und setzte weniger beziehungsweise andere Hilfsmittel ein als konventionelle Winzer. Man könne Krankheiten am Weinstock sowie Schädlinge auch anders bekämpfen, war seine Überzeugung.

Der jahrelange Streit in der Verwandtschaft hatte seine Spuren hinterlassen, und als sich ihm die Gelegenheit bot, kaufte er in Erbach, einer heute zu Eltville gehörenden und früher selbstständigen Weinbaugemeinde, ein altes Weingut auf und machte sein Ding. Fortan gab es keine gemeinsamen Familienfeste mehr, Johann Baptist wurde zu einer „Persona non grata“, deren Name nicht mehr erwähnt wurde. Er war für Michaels Eltern das, was er nun auch im physischen Sinne war, nämlich gestorben.

Dennoch entschied man sich, an der Beisetzung teilzunehmen. Die Feier, die von den Mitarbeitern des Weingutes im Ortsteil Erbach ausgerichtet wurde, war durchaus würdevoll, würdevoller jedenfalls, als Michaels Eltern es Johann Baptist gegönnt hätten.

Für Michael war eine Tatsache bemerkenswert: Wohin er auch sah, ob im Gottesdienst in der Erbacher Johanneskirche oder am offenen Grab – er fand keine trauernden Angehörigen. Allerdings fand er – und das verwirrte ihn noch mehr – auch keine nicht-trauernden Angehörigen. Seine Eltern konnten und wollten ihm diesbezüglich keine näheren Auskünfte geben. Erst in einem Gespräch mit Frau Jung, einer Angestellten, die den gesamten Schrift- und Rechnungskram erledigte, stellte sich heraus, dass auch die Mitarbeiter keine Ahnung hatten, wie es weitergehen sollte.

Johann Baptist war Junggeselle geblieben und aufgrund der in diesem Fall so schweigsamen Art der Familie gab es für Michael auch keinerlei Hinweise auf nähere Angehörige. Und da es auch keine Hinweise auf entferntere Angehörige gab – natürlich mit Ausnahme von Michaels Familie – war jetzt unklar, ob und wie es weitergehen sollte.

Sicherlich hätten sich Käufer für die Rebflächen gefunden, viele Parzellen waren erst vor wenigen Jahren neu bestockt worden und es waren durchaus keine schlechten Lagen darunter: Erbacher Marcobrunn, Michelmark, Hohenrain und Honigberg – die Flächen wären sicher gut weggegangen.

Aber irgendwie hätte es Michael um das Weingut leidgetan – es machte einen schnuckeligen Eindruck und die Mitarbeiter schienen fähige Leute zu sein, die mit dem nun verblichenen Winzer gut zusammengearbeitet hatten.

18. Der Rheingau ist schöner oder: Quo vadis?

Wer führt den Laden drüben denn jetzt weiter?“, wollte Michael am Abend, als sie zurück in Teufelsberg waren, wissen. „Die Nervbacke hat uns die letzten Jahrzehnte nicht interessiert, warum sollte es uns jetzt etwas angehen, was aus seinem Weingut wird?“, kam seines Vaters Gegenfrage, die mit solcher Vehemenz vorgetragen wurde, dass für ihn das Ding durch war. „Vielleicht haben die Angestellten ja Lust, den Laden weiterzuführen.“

Michael hätte gerne nachgebohrt, aber es war offensichtlich, dass seine Eltern auf ein solches Gespräch so viel Lust wie ein Regenwurm aufs Angeln hatten.

Natürlich hätte es sein können, dass die Mitarbeiter Interesse gehabt hätten, das Weingut weiterzuführen, schließlich waren viele von ihnen schon lange dort beschäftigt. Doch solchen Überlegungen, so zarte Pflänzlein sie auch hätten sein können, stand das deutsche Erbrecht im Weg.

Da es in direkter Linie niemanden gab, der erbberechtigt gewesen wäre, musste man halt den Blick ein wenig weiten. Michael ahnte etwas, seine Mutter wusste mehr – und sein Vater war im Besitz der gesamten Informationen, ließ jedoch eine verschwiegene Auster im Vergleich zu ihm wie ein geschwätziges Waschweib aussehen; kurzum, Michael bekam keine Antworten.

Bevor Justitias Mühlen bei der Suche nach dem Erbberechtigten richtig ins Mahlen gekommen waren, klingelte in Teufelsberg das Telefon und Frau Jung vom Rheingauer Weingut meldete sich „mit einer wichtigen Information“, wie sie es umständlich, aber diskret ausdrückte.

„Wir haben im Tresor ein wichtiges Schriftstück gefunden: Ihr Onkel hatte ein Testament verfasst. Er hat sich zwar mit Ihren Eltern aufs Übelste zerstritten, aber als er schlussendlich keine Partnerin fand, erinnerte er sich seiner Verwandtschaft. Der einzige, mit dem er keinen Streit hatte, waren Sie", plättete Frau Jung den sichtlich überraschten Michael.

„Er war mein Onkel? Wieso hat man mir das nie gesagt?", entfuhr es Michael. Im gleichen Moment fiel ihm dann aber ein, dass Frau Jung sicherlich die Letzte war, die ihm diese Frage hätte beantworten können.

„Dann wusste er doch sicher bestens, wer ich bin – und dass ich mit meinen Eltern verwandt bin; den Eltern, mit denen er so zerstritten war", hakte Michael nach.

„Das schon, aber er hat Sie einmal gesehen, als Sie in Geisenheim Weinbau gelernt haben. Er kannte einen der Dozenten dort und der hat ihm mal gesteckt, dass Sie sich beim „Ökologischen Weinbau" sehr interessiert gezeigt haben. „Und weil ihm das gefallen hat, vermachte er in seinem Testament sämtliches Hab und Gut an Sie", erläuterte Frau Jung. „Auch habe ich den Eindruck, dass er Ihren Eltern eine Nase drehen wollte."

„Den Eindruck habe ich auch", murmelte Michael in den Hörer, während er seine Begegnung mit dem Onkel rekapitulierte, von dem er erst seit drei Minuten wusste, dass er sein Onkel gewesen war.

Nachdem Michael sich vor einigen Wochen in Sachen Öko-Weinbau mit seinen Eltern überworfen hatte, schien ihm des Onkels Tod kein Zufall mehr zu sein. Hätte er an höhere Mächte geglaubt, so wäre er sicher gewesen, dass diese hier ihre Finger im Spiel gehabt hätten. Natürlich wäre es ihm lieber gewesen, wenn der Onkel nicht einfach so verblichen wäre, aber so war es nun einmal. Und nun?

„Ich nehme das Erbe natürlich an."

„Das freut mich riesig, Chef!", machte Frau Jung aus ihrem Herzen keine Mördergrube.

Nun galt es nur noch, dieses winzige Detail in der familiären Entwicklung den Eltern mitzuteilen. Um sich für diesen schweren Gang ein wenig Unterstützung zu holen, meldete er sich unverzüglich bei Johanna, die gerade bei einem Weinfest in Bodenheim zu versumpfen drohte. Natürlich war es ihre Aufgabe, bei solchen Festen mit dabei zu sein, und natürlich trank man dabei auch den einen oder anderen Tropfen. Johanna jedoch schoss meist ein wenig über das Ziel hinaus – während zwei Piffcher völlig ausreichend waren, um bei einem solchen Fest die Eröffnung würdig durchzuziehen, war sie in der Gläserfrage meist mit einer knapp zweistelligen Zahl vertreten. So war das auch heute von ihr geplant, aber Michael ließ an Deutlichkeit nichts zu wünschen übrig, als er ihr im Telefonat erläuterte:

„Komm, sofort!“

Dass Michael manchmal etwas mundfaul war, wusste Johanna, aber selbst in ihrem derzeitigen Zustand – die ersten sechs Gläser hatten ihr Ziel schon erreicht –, merkte sie, dass da was im Busch war.

Keine Stunde später war sie zu Hause.

Als Michael sie so sah, hielt er die Idee, die neue Information mit ihr zu teilen, für keinen so guten Gedanken mehr – und je länger er darüber nachdachte, desto schlechter erschien ihm diese Idee.

Nachdem das Ableben des Onkels nun schon fast zwei Wochen zurücklag, kam es wohl doch nicht auf jede Minute an, dachte Michael und ärgerte sich über sich selber, dass er so aufs Gaspedal gedrückt hatte. Johanna machte sich zwar auch Gedanken, weshalb sie so harsch zurückbeordert worden war, aber sie machte sich auch Gedanken, ob ein Gläschen Dornfelder zurzeit ein Fehler wäre. Da Michael mit nichts Wesentlichem um die Ecke kam, bewertete sie die Dornfelder-Eingebung als keinen Fehler und nahm noch einen Schlummertrunk, an dessen Ende sie hackedicht das Ordnen ihrer Gedankengänge beendete und sich ablegte – morgen war schließlich auch noch ein Tag.

So vor vollendete Tatsachen gestellt, fand Michael, dass morgen auch noch ein Tag wäre, setzte sich noch mit einem Glas Traubensaftschorle auf die Veranda und folgte Johanna nach gut einer Stunde.

19. Der Neuanfang oder: Öko, Bio & Co.

Am folgenden Tag brachte Michael Johanna auf den aktuellen Stand der Dinge und nur sehr langsam bewegten sich Johannas Hirnwindungen. Nachdem sie dies eine Weile getan hatten, schien sie die Informationen verarbeitet zu haben und so sprach sie aus, was Michael im Zuge einer neutralen Informationsübermittlung nicht ausgesprochen, wohl aber gedacht hatte:

„Die Sache ist klar wie Klosterbrühe“, meinte Johanna. „Deine Eltern halten vom ökologischen Weinbau so viel wie der Papst vom Kondom. Wir sehen die Dinge anders, aber wir benutzen ja auch Kondome.“ Diese Argumentationskette war für Michael ernüchternd deutlich, obwohl *er* vom Vorabend ja überhaupt nichts zum Ausnüchtern gehabt hatte.

„Und was bedeutet das jetzt?“, fragte er zur Sicherheit noch einmal nach.

„Das Weingut deines Onkels ist groß genug, um davon leben zu können. Da deine Eltern nichts vom Öko-Weinbau halten, denke ich, dass es das Beste ist, wenn du bzw. wir die Rheinseite wechseln.“

Obwohl Michael ein Kind Rheinhessens war, war ihm doch klar, dass seine Überlegungen, Wein anders herzustellen, sowie die Einstellung seiner Eltern nicht gut vereinbar waren. Gegen den Versuch, seine Eltern hiervon zu überzeugen, schien die Quadratur des Kreises ein Kinderspiel zu sein. Um die Sache nun auch offiziell zu klären, wählte Michael den folgenden Sonntag. Als sie alle gemütlich am Frühstückstisch saßen, nutzte er den Moment des Eieraufklopfens, um die Dinge auf den Punkt zu bringen.

„Ich habe mich doch immer gefragt, was mit Onkel ...“

„Erwähne den Namen nicht!“, fiel ihm seine Mutter ins Wort.

Nun ging es also um den Unaussprechlichen und seinen Eltern schwante schon, was da kommen könnte.

„Nun ja, Frau Jung hat ein Testament gefunden und ...“ Weiter kam er nicht, denn er wurde abermals unsanft unterbrochen.

„Mach jetzt keinen Unsinn; du kannst doch nicht in die Fußstapfen dieses Schneckenschoners steigen", war es dieses Mal am Vater, die Dinge auf den Punkt zu bringen.

„Ihr lasst mir doch keine Wahl!", erläuterte Michael seine Situation. „Ich möchte etwas anders machen, aber ihr wollt das definitiv nicht. Da mir ökologischer Weinbau wichtig ist und ich mich seit meiner Ausbildung in Geisenheim mit der Sache befasst habe und es für den richtigen Weg für mich halte, sehe ich keine andere Möglichkeit."

Eigentlich hatte Michael mit härterem Widerstand der Eltern gerechnet, aber auch sie hatten ja reichlich Zeit gehabt, die weitere Entwicklung der Dinge zu bedenken. Letztlich war es zwar ein Schnitt, aber andererseits keine fünf Kilometer Entfernung, wie Michael betonte.

„Nun ja, da hast du zwar recht, Michael, aber es sind fünf Kilometer Luftlinie. Das ist definitiv nicht das Gleiche, wie ich aus eigener Erfahrung sagen kann", ergänzte Johanna, die an ihr Fähr-Erlebnis dachte.

Diese Worte trugen die Stimmung endgültig aus der Mollstimmung heraus. Natürlich war allen klar, dass es ein großer Schnitt werden würde, aber da man in dieser fundamentalen Frage auf seinem jeweiligen Standpunkt beharrte, schien er unumgänglich.

„Es gibt da allerdings noch ein weiteres Problem", druckste Michaels Vater etwas herum.

„Ich kann mir denken, was du meinst", reagierte Michael rasch auf diesen Einwurf. „Johanna wird wohl nicht länger Weinkönigin sein können", führte er den Gedankengang seines Vaters fort. „Ich denke, dass es Schlimmeres gibt. Den größten Teil der Amtszeit hat sie ja sowieso schon hinter sich."

Vor einigen Tagen war ihm dies zum ersten Mal siedend heiß eingefallen und seitdem arbeitete es in ihm. Natürlich kam es immer wieder vor, dass sich bei einer Weinkönigin im Laufe ihrer Amtszeit Veränderungen ergaben, aufgrund derer sie ihr Amt aufgab. Da aber die Amtszeit eine überschaubare Dauer von nur einem Jahr hatte, geschah dies doch recht selten.

Ein Umzug war an sich nicht das ganz große Problem, aber wenn es zu den Freunden auf die „eebsch Seit“ ging, verstanden auch die letzten Rheinhessen keinen Spaß mehr. Die Abgrenzungstendenzen dieser beiden Rheinseiten mit den Rivalitäten zwischen Düsseldorf und Köln, Rheinländern und Westfalen oder Frankfurt und Offenbach vergleichen zu wollen, wäre eine Untertreibung gewesen, die die Tragweite einer in der katholischen Kirche als Todsünde zu bezeichnenden Verfehlung hätte und zumindest mit einer sofortigen Ex-Kommunikation geahndet werden musste – mittelalterliche Foltermethoden und die Todesstrafe waren ja schließlich abgeschafft.

Als Michael Johanna darauf ansprach, war er ein wenig überrascht, wie gefasst sie reagierte: „Es ist zwar schade, aber es dauert ja gar nicht mehr so lange bis zum nächsten Rotweinfest – und dann wäre die Zeit ja eh zu Ende gewesen. Außerdem wollen wir doch jetzt drüben richtig durchstarten. Das wäre mit den ganzen Terminen kaum gegangen.“

Auch Johanna hatte schon einmal darüber nachgedacht, dass der Umzug mit ihrem Amt als Rotweinkönigin nicht kompatibel wäre; allerdings warteten auf Michael und sie ja nun gewaltige Veränderungen, auf die sie sich einfach riesig freute. Das Ärgerlichste aus ihrer Sicht war, dass noch der Gegenbesuch der japanischen Partnerstadt Kagachi bevorstand und sie sich schon darauf freute, den japanischen Gästen den Hokkaido-Wein zu kredenzen. Schließlich hatte sie sich auch für diese Weinverkostung wieder etwas Nettes ausgedacht.

Michael war froh, dass seine Eltern es dem „zweiten Öko-Winzer“ in der Familie leichter als Onkel Johann Baptist machten, und auch seine Eltern waren froh, dass Michael jetzt „sein Ding“ machen konnte und sie dennoch eine Brücke zur Verbindung beider Standpunkte gefunden hatten.

Genauer gesagt: eine Fähre.

20. Die wundersame Weinvermehrung oder: „Wenn das Wasser im Rhein goldner Wein wär ...“

Dass auch auf der Rheingauer Seite guter Wein erzeugt wurde, war Michael als Winzer immer schon klar gewesen. Allerdings gab es einen gravierenden Unterschied: Während man es in Rheinhessen eher mit der Vielfalt hielt und zahlreiche weiße, aber auch rote Rebsorten anbaute, sah die Situation im Rheingau doch ganz anders aus. Gut 80 Prozent der Rebfläche wurden hier mit Riesling bepflanzt. Da blieb für die anderen Sorten nicht viel Platz. Grundsätzlich hatte das so seine Berechtigung, denn die Kombination aus Riesling und den Bodenbedingungen im Rheingau war kaum zu schlagen. So übernahm Michael denn auch die von seinem Onkel vorgegebenen Pflanzungen.

Dabei gab es noch weitere Unterschiede zu seinem bisherigen Wirkungsfeld in Rheinhessen: Nachdem er dort in Weinbergen mit oft recht geringem Gefälle gearbeitet hatte, sah das im Rheingau schon deutlich anders aus. Es gab viele Hanglagen und in einigen Ecken im hinteren Rheingau sogar recht viele Steilhänge, die ebenfalls bewirtschaftet wurden.

Das erschwerte die Arbeit und war zeitaufwendiger, aber als Mensch, der gerne in seinen Weinbergen unterwegs war, machte Michael das nicht viel aus.

Dass Winzer manchmal etwas schummelten, wusste er ja schon von der Rümmelsheimer Geschichte mit dem Frostschutzmittel. In Erbach kam ihm aber nun ein Husarenstück der besonderen Art zu Ohren.

Ein junger Winzer in einem Nachbardorf hatte vor einigen Jahren einen ganz besonders erfolgreichen Wein hergestellt. Einige Preise in Wettbewerben und eine nicht abreißen wollende Gästeschar bewiesen die grundsätzliche fachliche Kompetenz des Kollegen und der sehr gute Absatz dieses speziellen Weines zeugte vom Erfolg gerade dieses Traubenproduktes.

Doch auch der beste Vorrat neigt sich irgendwann mal dem Ende zu, was eigentlich auch auf Weinkeller sowie die darin gelagerten Produkte zutrifft.

Allerdings galt dies offensichtlich nicht für diesen Winzer bzw. diesen Wein, denn sein Chardonnay* ging wie geschnitten Brot und der Vorrat schien unendlich.

Irgendwie erinnerte diese Situation ein wenig an den „Süßen Brei" aus den Grimmschen Märchen, denn trotz der kontinuierlich wachsenden Zahl zufriedener Kunden konnte der Winzer stets weitere Bestellungen annehmen.

An dieser Stelle zeigte sich denn aber auch, dass doch so einige Weintrinker auf dünnem Eise wandeln. Dies galt auch und gerade für das oblatenhauchdünne Eis des halben Zwei-Drittel-Wissens, das um diesen Chardonnay gegeben war: Dass ein Wein gut ist, das kann ein „normaler" Weintrinker durchaus erkennen, zumal es manchmal ja auch einige untrügliche Geschmacksmerkmale gibt. Manchmal geht es den Weintrinkenden jedoch so, dass sie zwischen zwei Weinen keinen klar zu benennenden Qualitätsunterschied angeben können.

Nachdem der Siegeszug des besagten Chardonnay nun schon außergewöhnlich lange anhielt, wurde der ein oder andere ohnehin schon skeptische Winzer aus dem gleichen Ort noch skeptischer – manche sagten ihnen auch Missgunst nach. Jedenfalls war der Weg vom Bauchgefühl der Winzer zur Objektivität der Weinprüfungsbehörden nicht so lang wie der bereits erwähnte Siegeszug des Weins – zumindest nicht in zeitlicher Hinsicht.

Und so tauchte eines guten – für den Chardonnay-Winzer eher unguten – Tages ein ungebetener Gast eines Institutes mit dem eher unscheinbaren Namen „Landesbetrieb Hessisches Landeslabor" auf. Auch dieser Prüfer wurde im Verlauf des Besuches immer skeptischer und dies war direkt und indirekt mit dem Chardonnay in Verbindung zu bringen.

Aufgrund der vor der Lese gemachten Angaben des Winzers zur bepflanzten Rebfläche sowie dessen Folgeinformationen über Verlauf und Ertrag der Lese ließ sich recht genau errechnen, für wie viele

Liter Chardonnay diese reichen würde. So hätte man anhand der vor der Lese im Herbstbuch gemachten Angaben ganz einfach feststellen können, wie umfangreich der bisherige Verkauf gewesen war und wie hoch demnach der Restbestand hätte sein müssen.

„Hätte, hätte – Fahrradkette“, entfuhr es dem Winzer, als er auf die Kellerbücher angesprochen wurde.

„Leider habe ich das in den vergangenen Jahren ein wenig vernachlässigt“, sagte er und meinte letztlich damit, dass er es vollständig vernachlässigt hatte. Weder eigene Abgänge noch irgendwelche Zukäufe aus dem In- oder Ausland noch irgendwelche anderen Besonderheiten waren dem Kellerbuch zu entnehmen – so es denn ein aktuelles gegeben hätte.

„Die letzten Einträge sind ja sieben Jahre alt“, monierte der Prüfer, der nunmehr nicht mehr skeptisch, sondern in seinem Element war – sein Spitzname in der Behörde war „Wühlmaus“.

„Ich habe damals ein neues angefangen und das ist irgendwie verloren gegangen.“

„Auch ich verliere hier gleich etwas“, meinte der Prüfer lakonisch. „Und wenn meine Geduld überstrapaziert und meine intellektuellen Kapazitäten beleidigt werden, verliere ich meine Bereitschaft, über Kleinigkeiten hinwegzusehen.“

Dass es sich indes um keine Kleinigkeiten handelte, zeigte sich, nachdem sich das ganze Ausmaß der „kreativen Kellerkunst“, wie der Prüfer es ausdrückte, herausstellte. Jedenfalls ließ sich aus den wenigen Indizien einwandfrei ermitteln, dass der Kellerbestand (also der Saldo aus der Menge des erzeugten Weins abzüglich des verkauften) um einige tausend Liter im Minusbereich war. Da man aber nun einmal schlecht Wein verkaufen kann, der gar nicht mehr da ist, musste es über den erlaubten Verschnitt hinaus weitere „Zugaben“ gegeben haben – oder aber es waren wundersame Kräfte am Werk.

Der Prüfer erinnerte sich, dass es in Kana im Heiligen Land vor gut 2.000 Jahren schon einmal eine solche Situation anlässlich einer Hochzeit gegeben hatte – kurze Zeit später hatte die gleiche Person den Trick noch einmal mit Brot und Fischen wiederholt, was für ihn als Weinprüfer aber eher irrelevant war; das war eher eine Sache der Lebensmittelaufsichtskontrollbehörden.

Nach Rücksprache mit seiner Behörde entschied sich der Kontrolleur, der Sache eine weniger göttliche Ursache zugrunde zu legen.

Kurzum, der Winzer hatte einfach in Rheinhessen und der Pfalz einige tausend Liter Chardonnay nachgekauft. Da diese Weine weniger bekannt und weniger erfolgreich und wohl auch weniger gut waren, konnte er sie recht günstig erwerben. Der Winzer füllte sie dann in Flaschen mit eigenem Etikett sowie dem amtlichen Prüfzeichen ab, die er als hochwertigen und prämierten Qualitätswein verkaufte. Dies tat er natürlich völlig überteuert. Der Winzer nutzte ganz einfach den Umstand aus, dass seine Kunden den Unterschied im Regelfall nicht schmeckten oder – wenn doch jemand stutzig wurde – sich nicht trauten, es öffentlich auszusprechen.

Nahezu zeitgleich konnte man einem Winzer in Michaels alter Heimat eine ebenfalls besonders kreative Variante der Weinkellerarbeit attestieren. Auch er hatte in gewisser Weise unsauber gearbeitet.

Nachdem seine Lese beendet war, kam die offizielle Behörde, die über die Gütestufe von Weinen zu entscheiden hatte, zum Ergebnis, dass es für den von ihm hergestellten Riesling – abweichend von den hohen Qualitäten der Vorjahre – dieses Mal nur zu einem Landwein reichen würde. Das allerdings konnte und wollte der Winzer so nicht akzeptieren. So stellte er sich die Prüfplakette gleich selber aus und verwendete sie für das Etikett seines Weines. Für ihn hatte das den untrüglichen Vorteil, dass er auch in diesem Jahr wieder einen Riesling Kabinett anbieten konnte.

Auch hier kamen die bösen Prüfer und auch hier stellten sie fest, dass da irgendwas nicht stimmen konnte. Und auch hier stellte der Winzer fest, dass sein Kellerbuch wohl derzeit irgendwie auf Urlaub war beziehungsweise nicht auffindbar, was sich im Ergebnis gleich blieb. Böswillige Menschen würden an dieser Stelle unterstellen, dass der Winzer die Papiere nicht vorlegen konnte und wollte, weil das den Einblick in weitere Ungereimtheiten der Kellerführung ermöglicht und weitere Verfahren nach sich gezogen hätte.

Dennoch oder gerade deswegen kam auch auf diesen Winzer eine Geldstrafe zu, die nach mühseligen Ermittlungen der Behörde so unausweichlich wie die Reblaus in so manchem Weinberg war.

Einige Gerichtstermine später, einige zehntausend Währungseinheiten ärmer und um die Erkenntnis reicher, dass man zwar über kurze Zeit viele Menschen täuschen kann und über längere Zeit auch wenige, nicht aber viele Menschen über lange Zeit, kehrten die beiden reumütigen Sünder dann wieder zurück in den Kreis der ehrbaren Winzer, den sie im Grunde – von jeweils einer Ausnahme abgesehen – ja auch nie wirklich verlassen hatten.

21. Apartheid ist gar nicht apart oder: „Nkosi sikeleli Afrika“*

Für Johanna war der Umzug von Rheinhessen in den Rheingau nicht wirklich ein Problem gewesen.

„Ich komm aus der Schweiz – und ob ich nun links- oder rechtsrheinisch wohne, ist genauso wichtig wie ein Sack Reis, der in China umfällt“, brachte sie die Dinge auf den Punkt.

Das brachte Michael auf die Idee, die Vorzüge diverser in China angebauter Reissorten zu preisen, um dann zu betonen, dass dieser oder jener Reissack eben doch von besonderer Bedeutung sein könne.

Allerdings – und das war eine weitere Besonderheit von Johanna – war sie zwar Schweizerin, aber geboren war sie ja nicht dort. Zu einer Zeit, in der kaum jemand den leicht sperrigen Begriff „Unbegleiteter minderjähriger Flüchtling“ mit dem wunderbaren Behördenkürzel „UmF“ oder „UmA“ (für einen „unbegleiteten minderjährigen Ausländer“) kannte, war sie ein ebensolcher, wenngleich hinzugefügt werden muss, dass die Bezeichnung minderjährig in ihrem Falle „extrem minderjährig“ hätte lauten müssen.

Da sie schon als Baby in die Eidgenossenschaft kam, hatte sie keine Erinnerungen an die Zeit davor. Nachdem nun auch Michael und seine Eltern getrennt waren, kam ihr ihre Situation immer häufiger ins Bewusstsein, selbst wenn es eine elementare Fehleinschätzung wäre, hier Parallelen ziehen zu wollen.

Letztlich war sie gleich doppelt von Eltern getrennt: zunächst natürlich von ihrer Familie aus Bern, die sie als Baby aufgenommen hatte. Auf der anderen Seite aber auch von ihren leiblichen Eltern, von denen sie herzlich wenig wusste, und auch das war im Grunde schon beinahe eine Übertreibung: Sie kannte ja nicht einmal den Namen der Stewardess, die sie damals aus Südafrika im Flugzeug nach Europa „geschmuggelt“ hatte. Immerhin war ihr Südafrika als Heimatland bekannt, das hatte ihr Vater ihr vor Jahren verraten – das war es dann aber auch.

Gerne hätte sie mehr gewusst, aber in all den Jahren war sie in dieser Hinsicht nie weitergekommen. Sie wusste lediglich, dass es sich um einen Linienflug von Kapstadt mit Zwischenlandung in Zürich gehandelt hatte. Inmitten der Apartheid musste ihre Mutter wohl die Chance genutzt haben, ihr Baby außer Landes zu bringen.

Der Plan war aufgegangen; warum jedoch die Mutter, der Vater – oder wer auch immer? – ihr Kind alleine auf den Weg geschickt hatte, blieb Johanna immer ein Rätsel. Sie konnte nur spekulieren und vermutete, dass die betreffende Person vor dem Start entdeckt worden war; vielleicht aber auch hatte sie das Kind aus Verzweiflung einfach alleine in ein Flugzeug gegeben. Wie auch immer: Johanna kam einfach nicht weiter mit ihren Gedanken.

In Zürich kam also ein unbegleitetes Baby an. Üblicherweise wird eine solche Situation in der Schweiz extrem ordentlich gehandhabt, damit alles seine Richtigkeit hat und sich alles zurückverfolgen lässt. Da die südafrikanischen Behörden jedoch in solchen Fällen extrem aggressiv agierten und es in der Vergangenheit schon zu diplomatischen Verwicklungen höchsten Grades gekommen war, entschied sich die Schweizer Ausländerbehörde zu einem dezidiert diplomatischen Vorgehen: Johannas Ankunft hatte es einfach nie gegeben, es wurde in Windeseile eine nahezu anonyme Adoption organisiert und nicht einmal ihre Adoptiveltern wussten Konkretes über Johannas Vergangenheit.

Johannas Vater war schon ein wenig erstaunt, als nach mehr als einem Jahr urplötzlich Bewegung in den zuvor eher trägen Bearbeitungsvorgang der Schweizer Adoptionsbehörde kam. Noch erstaunter war er, als das ganze Prozedere nahezu ohne die für die Schweiz an sich typische Papierflut von nicht enden wollenden Antragsformularen, zu beschaffenden Bescheinigungen und ausgestellten Bescheiden und Genehmigungen – und stattdessen nahezu formlos über die Bühne ging.

Sowohl die Geschwindigkeit als auch das unbürokratische Vorgehen machten ihm das Verfahren einer Schweizer Behörde doch ein wenig suspekt; aber da seine Frau und er kaum noch mit einer positiven Nachricht bei ihrem Adoptionsgesuch gerechnet hatten, stellten sie ihre Bedenken rasch hintenan und so fand Johanna nahezu über Nacht eine neue Familie.

Die Geheimhaltung sollte diplomatische Verwicklungen verhindern, denn das war so ziemlich das Letzte, was eine in sich ruhende Beamtenseele sich so wünscht. Da es auch so ziemlich das Letzte war, was sich eine Behörde so wünscht, hatte man sich für diese im wahrsten Sinne des Wortes unbürokratische humane Hilfestellung entschieden.

Wie dem auch sei: Man behielt die Flucht beziehungsweise die Ankunft des Babys für sich. Niemand wollte einen „Entführungsvorwurf" aus Südafrika riskieren und erst recht keine diplomatischen Verwicklungen mit der dortigen Regierung. Und tatsächlich waren wohl keinerlei Informationen an die Öffentlichkeit gelangt. Offenbar hatte niemand von der Flugzeug-Crew und auch keiner der Passagiere, die das unbegleitete Baby bemerkt haben mussten, die Sache an die große Glocke gehängt.

Dennoch hatte die südafrikanische Regierung wohl irgendetwas mitbekommen, denn sie stellte eine entsprechende Anfrage an die Schweizer Bundesregierung.

Schlussendlich war jedoch in der Schweiz kein unbegleitetes Baby angekommen. Das jedenfalls wurde der südafrikanischen Botschaft als Antwort auf eine die Adoptionsbehörde zunächst sehr aufschreckende Anfrage mit exakt diesen Worten so rückgemeldet.

Es hatte eine Zeit gegeben, da Johanna viel über ihre Herkunft nachgedacht hatte, was seit ihrer Ankunft in Deutschland jedoch immer seltener der Fall war. Ihr erneuter Umzug – nun von Rheinhessen in den Rheingau – führte jedoch dazu, dass sie wieder häufiger darüber nachdachte.

Hinzu kam für sie noch eine weitere Trennungssituation: Es war ja letztlich kein Zufall, dass sie ihre Ausbildung de facto abgebrochen und die anfänglichen Heimfahrten in den Semesterferien zum Ende hin arg ausgedünnt hatte. Mit Gegenbesuchen von Seiten der Eltern in Ingelheim war sowieso von Anfang an nicht zu rechnen gewesen, denn der Vater war beruflich arg eingespannt, oder besser gesagt: spannte sich ein. Deshalb hätte er kaum ein ganzes Wochenende „angesetzt“ – so war sein Sprachjargon –, um eine Kleinstadt in Rheinhessen zu besuchen.

Die berechtigte Frage, warum er mit seiner doch recht ausgeprägten geschäftlichen Ader ein Adoptivkind angenommen hatte, war also mehr als berechtigt.

Letztlich war natürlich nicht er, sondern seine Frau die ausschlaggebende Person bei der Adoption gewesen. Sie hatte immer ein Kind gewollt, und als sich herausstellte, dass dies aus biologischen Gründen, die der Herr Sprüngli nie so ganz genau wissen wollte – an ihr lag es nicht –, unmöglich war, versuchte das Ehepaar es mit einer Adoption. Der offizielle Weg war extrem schwierig, da halfen Herrn Sprüngli auch seine Beziehungen nicht allzu viel; letztlich liegt die Schweiz nicht ohne Grund in der weltweiten Korruptionsrangliste auf einem der vorderen – oder andersherum gesagt: auf einem der hinteren Ränge. Jedenfalls verlief das Verfahren schleppend, wenn man es wohlwollend formulieren wollte.

Erst als dieses „Fluchtbaby“ vollkommen überraschend daherkam, konnte Herr Sprüngli seine Kontakte erfolgreich aktivieren. Gut, es war ein wenig gewöhnungsbedürftig, dass die Sprünglis, die so schweizerisch wie ein Riegel Toblerone waren, ein farbiges Kind bekamen, aber letztlich war Frau Sprüngli das egal und auch für Herrn Sprüngli stellte es kein Problem dar.

„Wir Schweizer stellen Toblerone her und die gibt es in Schwarz und Weiß. Und beide sind unerreicht gut“, erläuterte er jedem, der es hören wollte, aber auch Leuten, die es nicht so genau wissen wollten.

Kurzum war man letztlich sowohl bei den Sprünglis als auch bei den Behörden froh über diese Adoption; über eine Adoption, die es ja eigentlich nie gegeben hatte, da ja offiziell auch niemals ein unbegleitetes Baby aus Südafrika in Zürich angekommen war.

An sich hatte Johanna eine sehr liebevolle Kindheit erlebt – ihre Mutter ließ sie spüren, dass sie ein Wunschkind war, während das Mädchen sich da bei ihrem Vater nicht immer ganz sicher war.

Ob es Kindergeburtstage, Einschulung, Elternsprechtage oder andere Ereignisse in Johannas Leben waren: Die Mutter war immer dabei – ihr Vater dagegen eher eine Randfigur, die gelegentlich sogar wie ein Fremdkörper wirkte.

Kurz vor Ende der Schulzeit gab es eine – aus Johannas Sicht – verheerende Situation: Ihre Mutter wurde bei einem Verkehrsunfall sehr schwer verletzt, war mehrere Wochen ohne Bewusstsein im Hospital und konnte nur mithilfe von Maschinen am Leben gehalten werden. Nach einigen Monaten im Koma waren die Mediziner sich sicher, dass sie das Bewusstsein nicht wiedererlangen würde. Eines Tages setzte ihr Vater dann durch, dass die Maschinen abgestellt wurden – gegen Johannas Willen.

Das war dann auch der Punkt, an dem für sie klar war, dass sie nicht bei ihm in der Schweiz bleiben wollte. Nachdem sie die Schule abgeschlossen hatte, war sie froh, dass der Vater ihr die Wirtschaftsschule in Deutschland vorschlug.

Wenngleich der Bruch von Michael mit seinen Eltern nicht so tief war, wie es anfangs zu befürchten stand, so war doch auch diese Trennung ein Grund dafür, warum Johanna nun immer öfter an ihre Wurzeln denken musste.

Nach dem Umzug hatten alle Beteiligten natürlich erst einmal alle Hände voll zu tun. Michael musste die ganzen Weinberge inspizieren, viele Entscheidungen treffen und sich an viel Neues gewöhnen.

Als langsam wieder etwas Ruhe und so etwas wie Alltag eingekehrt war, wurde Johanna über die Medien an ihre Vergangenheit erinnert: In den Nachrichten häuften sich Berichte über Menschen, die auf unterschiedlichsten Wegen versuchten, nach Europa zu kommen, genauer gesagt, in die Europäische Union. Immer dramatischer wurden die Berichte sowie die Bilder – und immer größer wurde die Zahl der Flüchtlinge, um die es da ging.

Da für einen großen Teil von ihnen Deutschland das bevorzugte Ziel darstellte, war unklar, was passieren würde.

„Wir schaffen das“, sagte Michael, denn auch die Kanzlerin hatte gesagt, dass Deutschland diese Situation meistern würde. Michael verstand nicht, warum es ein Problem sein sollte, wenn eines der reichsten Länder Menschen in Not helfen würde.

Johanna wurde durch die sich anschließende heftige Debatte an ihre eigene Situation erinnert. Als gäbe es kein anderes Thema, diskutierten die Menschen in Deutschland die aktuelle Situation.

Etwas merkwürdig fand Johanna, dass es eine Art Ungleichgewicht zu geben schien: Je weniger Asylbewerber es in einer Region gab, desto emotionaler und heftiger wogten die entsprechenden Diskussionen. Beispielsweise gab es in Dresden und Leipzig die deutschlandweit niedrigsten Zahlen von Ausländern, doch genau dort fanden sich immer mehr Menschen, die das christliche Abendland vor dem Islam schützen wollten; dass die Zahl der Christen in Dresden und Leipzig noch niedriger als die Quote der Ausländer war, empfand Johanna als zusätzliche Petitesse.

Wie dem auch sei: Letztlich war ja auch Johanna auf verbotene Art und Weise in die Schweiz gekommen. Wie wenig sie letztlich selber über ihre Herkunft wusste, wurde ihr durch die aktuellen Ereignisse wieder klar. Nach dem Tod ihrer Mutter hatte sie zwar den Vater mehrmals danach gefragt. Aber neben der ihr bereits bekannten Tatsache, dass sie wohl aus Südafrika stammte, erfuhr sie lediglich, dass die Fluchthelferin wohl in den Vereinigten Staaten von Amerika zu finden sein dürfte. Immerhin hatte sie auch mal das Stichwort „Pan Am" aufgeschnappt – und so arg schwer war es dann nicht gewesen, aus diesen fünf Buchstaben auf die im vorigen Jahrhundert weltbekannte Fluglinie „Pan American Airways" zu kommen.

Sich an das Stichwort „Pan Am" erinnernd, war Johanna nun zuversichtlich, weiterzukommen. So telefonierte sie sich bei letztlich doch erfolglosen Versuchen die Finger wund, Informationen über die Stewardess zu bekommen, die sie ins Flugzeug genommen haben musste.

Doch da die Schweizer Behörden seinerzeit ja alles dafür getan hatten, diese Flucht zu vertuschen, hatte man auch keine entsprechende Akte angelegt, was zahlreichen Schweizer Beamten damals schlaflose Nächte bereitete: „Das ist doch schließlich ein Vorgang und ein Vorgang muss ordnungsgemäß dokumentiert und archiviert werden“, sagten die Beamten – und in der Tat ist der in der Bibel beschriebene Trick mit dem Kamel und dem Nadelöhr im Regelfall einfacher zu bewerkstelligen, als in der Schweiz einen solchen Vorgang ohne Aktennotizen zu hinterlassen.

Aber die für Schweizer Verhältnisse ohnehin schon sehr wagemutigen Beamten wuchsen tatsächlich über sich hinaus und so gab es eben keinerlei Dokumente.

Der Weg über die Pan Am führte auch deshalb nicht wirklich zum Ziel, weil diese nur wenige Jahre nach Johannas Einreise in die Schweiz in die Insolvenz gegangen oder vielmehr geflogen und von einer anderen Gesellschaft aufgekauft worden war. Dabei gingen sehr viele Informationen verloren und so gab es nicht mehr viel Hoffnung, mehr Licht ins Dunkel bringen zu können.

Erschwerend kam hinzu, dass auch die damals die Pan Am aufkaufende Fluggesellschaft sowohl ihre Flüge als auch ihre Flügel streichen musste und ebenfalls übernommen wurde. Doch selbst wenn Johanna den Namen einer Stewardess herausbekommen hätte, könnte diese inzwischen längst geheiratet und einen anderen Namen angenommen haben. Und so sah alles danach aus, als müsse sich Johanna damit abfinden, dass sie nach menschlichem Ermessen keine Chance mehr hatte, jemals ihre Eltern in Südafrika finden zu können.

22. Déjà-vu oder: „Ich glaub, es geht schon wieder los!“

Linksrheinisch oder rechtsrheinisch, Rheinhessen oder Rheingau: Letztlich veränderte sich gar nicht so viel bei Michael. Er war immer noch die meiste Zeit im Weinberg, er hatte die Arbeit im Keller, er nahm an Weinfesten teil – allerdings tat er dies nun dort, wo für ihn zuvor die „eebsch Seit“ gewesen war.

Doch auch wenn er nach wie vor am Rhein zu Hause war und es viele Gemeinsamkeiten auf beiden Seiten gab, so hatte doch der Fluss seine beiden Uferlandschaften anders geprägt. Während in Rheinhessen sanfte Hügellandschaften, häufig sogar kaum wahrnehmbare Anstiege vorherrschten, war der Rheingau von ganz anderer Natur. Schon wenige Meter hinter dem Ufer ging es steil bergauf und das dementsprechende Gefälle war typisch für die Weinberge dort. Vor allem im unteren Rheingau gab es extreme Steillagen, die besonders schwer zu bearbeiten waren; was auch damit zu tun hat, dass im zweitkleinsten deutschen Anbaugebiet viele Winzer darauf angewiesen sind, auch noch so kleine Flächen für den Anbau zu nutzen.

Da es Michael nun nicht gerade in eine Großstadt, sondern in die überschaubare Weinbaugemeinde Erbach geführt hatte, pflegte man auch hier unter den Winzern rege Kontakte. Neben den vielen zufälligen Treffen gab es einen Winzerstammtisch, zu dem man sich in unregelmäßigen Abständen traf. Auch hier stieß seine Eigenart, der Verzicht auf Wein, zunächst auf eine Front ungläubiger Skepsis. Doch nach einigen Monaten legte sich das und aufgrund seiner ruhigen Art und der Fachkenntnis war er bald auch hier ein anerkannter Kollege.

Bei offiziellen Treffen hielt er sich anfangs oft zurück, da er ja die Verhältnisse vor Ort noch nicht so detailliert kannte. Deshalb wollte er sich nur allmählich stärker einbringen.

Doch daraus wurde nichts. Völlig überraschend war im Dorf ein Malheur geschehen.

Die Weinkönigin hatte sich bei einer Veranstaltung ein wenig zu viel mit ihrem Freund beschäftigt. Zugegebenermaßen hatte sie sich unmittelbar davor auch äußerst intensiv mit dem Wein Rheingauer Herkunft befasst. Da aber auch der Freund, ein Nachwuchswinzer, seine eigenen Tropfen einer intensiven Eigenverkostung unterzogen hatte, fanden die beiden den gemeinsamen Weg in ein gemeinsames Bett. Diese an sich nicht besonders dramatische Situation erfuhr wenige Wochen später eine gewisse Form der Aufwertung. Das „Schäferstündchen" – exakter formuliert ja eigentlich ein „Winzerstündchen" – hatte sich fruchtbringend ausgewirkt, sodass man der Weinkönigin die Schwangerschaft zwar noch nicht ansehen konnte, es aber doch auffiel, dass sie plötzlich keinen Alkohol mehr trinken wollte. Dass nun die Königin dem eigentlich im Zentrum ihrer Regentschaft stehenden Getränk nun nicht mehr die nötige Beachtung schenkte, sorgte bei ihren öffentlichen Auftritten für ein stetiges Munkeln seitens des Publikums. Daraufhin zog sie die Reißleine und stellte ihr Amt zur Verfügung.

Da die in der Weinmonarchie vorhandenen Mitregentinnen, die Weinprinzessinnen, aus den verschiedensten Gründen ebenfalls nicht zur Verfügung standen, um die Aufgabe zu übernehmen, war nun guter Rat teuer, denn es musste eine Ersatzkönigin her.

„Hat deine Freundin das nicht schon einmal gemacht?", wurde Michael gefragt. Auch hier im Rheingau war die Weinmajestät in der Regel eine Frau und es sollte auch eine Frau sein, die wusste, was auf sie zukommt.

„Das ist schon richtig, aber sie hat dieses Kapitel für sich abgeschlossen, eben weil sie es ja schon einmal gemacht hat. Außerdem kennen wir uns hier noch viel zu wenig aus", entgegnete Michael.

„Dumm Gebabbel!", bekam er daraufhin von einigen Winzern zu hören. „Es wäre ja nur bis zum nächsten Erdbeerfest", bohrten andere nach. Es gäbe zwar junge Frauen, die durchaus mal Weinkönigin werden wollten, aber sie fühlten sich alle noch nicht so weit, wurde Michael informiert.

„Nun ja, ich kann sie ja mal fragen", beendete er die Diskussion vorläufig.

„Du wirst es nicht glauben, was sie mich heute gefragt haben“, begann er das Gespräch, als er nach Hause kam.

„Du wirst es nicht glauben, was ich geantwortet habe“, überraschte Johanna ihn.

„Ähm, äh, wie meinen?“, stutzte der verdutzte Michael.

„Ich nehme die Wahl an – obwohl es ja gar keine Wahl war“, brachte Johanna die Dinge auf den Punkt.

„Winzerfrauen sind ziemlich fix in der Kommunikation, und schon bevor du heute da hingegangen bist, hat mich die Friederike vom Weingut Dettinger angerufen und mir alles erklärt.“

Michael fiel nun zunächst der Kitt aus der nicht vorhandenen Brille – und nahezu zeitgleich ein großer Stein vom Herzen, bedeutete dies doch, dass sie viel früher als erwartet in ihrem neuen Dorf so richtig angekommen waren.

„So, wie ich dich kenne, muss ich jetzt auch den anderen keine Zusage mehr zu geben.“

„Definitiv nicht“, sagte Johanna und zog den immer noch etwas verdatterten Michael langsam aber sicher ins Schlafzimmer.

Allerdings passten sie sehr gut auf, dass dieses Winzerstündchen nicht die gleichen Folgen wie bei der nun in die Bredouille geratenen Weinkönigin haben würde.

23. Die Winterkrönung oder: „Der Schneewalzer“

Da die Hauptakteure sich einig waren, musste man jetzt nur noch das Prozedere für diese etwas aus dem Rahmen fallende Krönung finden. Die Winzer hatten ein Interesse an einer Weinkönigin, die nicht nur handlungsfähig, sondern auch und gerade trinkfähig war. Die noch amtierende Weinkönigin wollte sich statt um die Erzeugnisse der Erbacher Früchte um die Früchte des Erbacher Zeugens kümmern. Und Johanna, die im Laufe der Zeit immer größere Lust auf ihre neue alte Aufgabe bekam, wollte gerne, dass die „Hängepartie“ nicht zu lange dauerte.

Es gab allerdings noch ein Problem. Schließlich konnte man das Erdbeerfest, das stets die riesige und würdige Bühne für die Krönung der neuen Königin geboten hatte, schlechterdings von Mitte Juni in den Winter vorverlegen. Nun wollte man einerseits auch zu dieser Jahreszeit eine öffentliche Veranstaltung. Aber eine Krönung ohne Erdbeerbowle und Blasmusik schien allen Beteiligten so reizvoll wie ein Zahnarztbesuch ohne Narkose – und dazu wie ein Frevel am Erbe der Erbacher Weintradition.

Bei einer Winzerversammlung kam man dann am „Fuße eines Rieslings“ auf eine reizvolle Lösung, die allerdings noch der Zustimmung des örtlichen Fastnachtsvereins bedurfte. Zufälligerweise fiel die Zeit der angedachten Krönung nämlich auf Ende Februar – sicherlich zu kalt, um die Leute für eine „normale“ Krönung auf die Straße zu bekommen.

„Aber wenn sie ohnehin schon draußen sind“, begann Jungwinzer Dieter Berner, „dann kann man doch das Angenehme mit dem Nützlichen verbinden.“

„Müssen wir deinen Gedankengang jetzt auch noch verstehen?“, fasste Michael die Fragezeichen in den Gesichtern der Anwesenden in Worte.

„Nun ja, Ostern ist dieses Jahr Mitte April und daher die Fastnacht Ende Februar. Dann haben die Hexen ihren Fastnachtsumzug und normalerweise haben die doch kein Prinzenpaar, ja nicht einmal einen einzelnen Prinzen. Wir könnten denen doch eine Fastnachts- und Weinkönigin bescheren!"

Berauscht von der eigenen Idee sowie dem Kopfnicken der anderen mussten einige weitere Flaschen ihre Korken lassen und die Stimmung war einfach bestens. Da alle Anwesenden und im späteren Verlauf auch die Erbacher Hexen diese Idee für eine der speziellen schwangerschaftsbedingten Situation gut angepasste Lösung hielten, schritten die Planungen voran und so kam es, dass der kleine Weinort im oberen Rheingau sein erstes Drei-Weinköniginnen-Jahr erhielt.

Traditionell am Fastnachtssonntag fand dann der Umzug statt, bei dem Johanna einen weiteren Titel einheimste. Aufgrund des einsetzenden Schneefalls während des Umzugs durch die Erbacher Gassen blieb ihr Wagen, sie durfte natürlich mit auf den Wagen des „Hexenrates", mehrfach liegen und musste einige Male freigeschaufelt werden.

Nichts lag daher näher, sie auch als Erbacher Schneekönigin zu präsentieren und in die Dorfchronik aufzunehmen.

24. Urs Balthasar Pflücklinger oder: Es gibt nichts Schöneres auf Erden, als ein Schweizer zu werden

Urs Balthasar Pflücklinger war Beamter, um es genauer zu sagen: Er war ein Schweizer Beamter, was letztlich den Superlativ des Beamtentums, quasi die Speerspitze der Zunft, darstellt. Früher war er mal ein junger aufstrebender Beamter gewesen, allerdings hatten sich beide Attribute im Laufe der Jahrzehnte irgendwo verloren, kurz: Er war jetzt also „nur noch" ein Beamter. Für den gewissenhaften Mittfünfziger war das jedoch kein Problem, denn er hatte die Endstufe seiner Beamtenlaufbahn erreicht und freute sich auf die in 7 Jahren, 4 Monaten und 13 Tagen anstehende Pensionierung.

Nun war es nicht so, dass er ein langweiliges Leben führte bzw. geführt hatte. Gerne dachte er an die Umsetzung der „Verordnung zur Gleichstellung der Verfahren inner- und aussereuropäischer Abschüblinge", die ihm so manchen schlaflosen Bürotag beschert hatte, selbst wenn dieses komplizierte Machwerk seinen Arbeitsbereich nur indirekt betraf. Vor allem aber die „2. Änderung der Richtlinien für die Vermittlung nichtinländischer Kinder zur Adoption bei adoptionsberechtigten inländischen Staatsangehörigen" hatte es in sich. Leichte Unruhe befiel ihn immer, wenn er an die drei Überstunden dachte, die er seinerzeit machen musste, um seine Kartei entsprechend umzusortieren.

Seitdem war es aber ruhiger geworden und er hatte die drei Überstunden im Laufe der Jahre abgebummelt – er mochte halt keine Hektik.

Vor zwanzig Jahren gab es seine erste Beförderung und damit verbunden war damals der Wechsel in die für Adoptionen im Kanton Appenzell-Innerrhoden zuständige Abteilung seiner Bundesbehörde. Seitdem meinte es der Zufall gut mit ihm, denn er konnte sich gut und ruhig organisieren – von den oben genannten hektischen Situationen abgesehen.

Zu seinen Aufgaben gehörte es unter anderem, bei Adoptionen ausländischer Kinder die rechtlichen Fragen zu klären bzw. etwaige

Probleme zu lösen. Das war in seinen ersten Jahren nicht einfach gewesen, aber im Laufe der folgenden hatte er sich gründlich in sein Fachgebiet eingearbeitet.

Doch nun gab es ganz plötzlich erneut so eine Situation, die ihn um seinen Büroschlaf brachte. Seine Behörde hatte einen Brief erhalten und zuständigkeitshalber hatte seine Vorgesetzte diesen Brief an ihn weitergeleitet. Ein Brief, der ihm Schweißperlen auf die Stirn trieb.

Ein auf Englisch abgefasstes Papier, dem die von der Fachstelle für Übersetzungen beigefügte – für Urs Balthasar Pflücklinger somit verständliche – Fassung in Schwyzerdütsch vorlag.

In dem Schreiben wurde Bezug genommen auf eine Situation, die es angeblich in seiner Behörde gegeben haben sollte, kurz bevor er in diesen Teilbereich versetzt wurde. Es ging um eine Auslandsadoption, die ihm nun auf die Füße fiel.

Eine Situation, die ihm äußerst suspekt vorkam, denn beim besten Willen konnte er keinen dazu passenden Vorgang finden.

Und wenn er keinen Vorgang finden konnte, war an sich klar, dass auch der restliche Inhalt des Schreibens keinen Wahrheitsgehalt haben konnte.

Allerdings hätte dies bedeutet, dass er an seine Vorgesetzte eine „Fehlanzeige“ hätte rückmelden müssen. Dies würde zweifellos zu Rückfragen führen. Allein der Gedanke daran beunruhigte ihn, denn dann konnte es zu einer Rücksprache mit der Vorgesetzten kommen und das hatte es im überschaubaren Berufsleben des Urs Balthasar Pflücklinger noch nie gegeben!

25. Das Erdbeerfest oder: Bei Dieter Bowlen

Wie in Rheinhessen gibt es auch im Rheingau sehr viele Weinfeste. Während es in Ingelheim das Rotweinfest war, das auf Michael schon als Kind einen ungeheuren Reiz ausübte, wurde es nach seinem Umzug das Erdbeerfest in Erbach. Den Bedeutungsgehalt dieses Festes zu unterschätzen, gehört zu den Kardinalfehlern neu Zugezogener und ändert sich meist nach recht kurzer Zeit, sprich nach maximal zwei Erdbeerfesten.

Um die Bedeutung des Erdbeerfestes Ortsunkundigen zu erläutern, ist es hilfreich, sich die Kombinationen München und „Die Wiesn", Stuttgart und „Die Wasn", Hamburg und „Der Dom" sowie Herne und die „Cranger Kirmes" vor Augen zu führen. Nun müsste man sich vorstellen, dass alle diese Feste gleichzeitig an einem Ort stattfänden und dazu in ebenjenem Ort parallel noch Straßenkarneval wie in Köln oder Mainz stattfände. Diese Annäherung an den jährlichen Ausnahmezustand im an sich recht beschaulichen Weindorf Erbach trifft es jedoch nicht vollständig, denn den vorgenannten Festen gebricht es an einem: Es gibt keine Erdbeerbowle!

Die Königin des Feldes in Kombination mit der Königin der Trauben – dem Riesling – vereint in einem Glas! Allerdings muss hinzugefügt werden, dass diese fürwahr königliche Melange im Regelfall in schnöden Plastikbechern daherkommt.

Das jedoch tut dem viertägigen Wahnsinn am Rhein keinen Abbruch – wer diesen einmal erlebt hat, weiß, was gemeint ist.

Michaels und Johannas erstes Erdbeerfest stand bevor und von seinen Leuten im Weingut hatte er schon viel darüber gehört. Da das Team gut arbeitete, liefen die Vorbereitungen recht geräusch- und reibungslos, denn das Weingut war schon zum 20. Mal mit dabei und so wusste man, was zu tun war – mit Ausnahme des Neulings Michael.

Für Johanna war es natürlich ebenfalls ein ganz besonderes Fest. Normalerweise endet die einjährige Amtszeit der Erbacher Weinkönigin auf diesem Fest und eine Nachfolgerin wird gekrönt. Johanna dagegen war ja aufgrund der biologischen Veränderungen bei ihrer Vorgängerin erst im Winter gekrönt worden und so ging ihre Amtszeit nach nicht einmal einem halben Jahr schon zu Ende.

„Etwas merkwürdig ist das schon“, bemerkte Michael. „Du bist zwei Mal Weinkönigin gewesen und beide Male hast du nur ein halbes Jahr amtiert.“

„Nun ja, zwei halbe Amtszeiten sind auch ein Jahr“, antwortete Johanna nur. Sie war mit beiden halben Amtszeiten zufrieden, denn sie hatte jeweils viel über ihre neue Heimat gelernt.

Insbesondere Johanna wunderte sich, als am Donnerstag vor dem Fest jede Menge Kisten Erdbeeren angeliefert wurden. Nur kurze Zeit später wurden fast sämtliche andere Arbeiten im Weingut eingestellt und alles konzentrierte sich aufs Schnibbeln der Erdbeeren.

„Wollt ihr jetzt hier zwei Tage Erdbeeren schnibbeln?“, fragte die erstaunte Johanna.

„Hast du schon einmal eine Kürbissuppe mit ganzem Kürbis gesehen?“, hallte es ihr nur entgegen.

Auch wenn der Vergleich ein wenig in die Irre führte – Johanna kannte zwar Kürbissuppen, aber die waren im Regelfall püriert und nicht mit großen Stücken –, unterließ sie es, das Thema zu vertiefen. Zu sehr kamen ihr die Ereignisse in Hokkaido ins Gedächtnis, wo sie als Ingelheimer Weinkönigin ja den „Samurai-Schnibbler“ erleben durfte: Schon beim Gedanken daran lachte sie sich wieder kringelig.

Hier ging es deutlich seriöser zu. Bald waren die ersten Erdbeeren in Form geschnitten – und einige durften sogar schon im Riesling „vorbaden“, sprich sie wurden für zwei Tage eingelegt.

Nur kurze Zeit später begann das Fest. Letztlich war es egal, was im Programm stand: Es war immer eine unglaubliche Stimmung sowohl in den Gassen als auch auf dem Tanzboden.

Michael hatte sich beim besten Willen nicht vorstellen können, wie solche Menschenmassen gleichzeitig auf den doch recht kleinen Marktplatz passen konnten.

Die Tage von Freitag bis Montag waren extrem hart – es ging schon zum Frühschoppen los – und weit nach Mitternacht gab es immer noch viele Leute, die mit kleinen zur Bowle gereichten Holzzahnstochern die Erdbeeren herausfischten.

Obwohl es das edle Getränk nicht nur am Marktplatz, sondern auch in vielen Innenhöfen gab, war die beste Mischung wohl im Zentrum des Geschehens zu finden, auf dem Marktplatz.

Für die Mischung der Markplatz-Bowle war ein gewisser Dieter verantwortlich und er machte seine Sache offenbar seit Jahren ziemlich gut. Jedenfalls hörte Michael immer wieder folgende Antwort auf die Frage, was und wo sie denn gleich trinken würden: „Bei Dieter Bowlen!"

Bei diesen Worten kam ihm immer der unselige Besuch von „Deutschland sucht den Superstar" in den Sinn. Für eine der Finalshows hatte RTL das altehrwürdige Kloster Eberbach gebucht. Mehr oder weniger gelungene Gesangsdarbietungen erklangen im bereits 1136 erbauten Kloster und sorgten für eine heftige Diskussion, ob diese heiligen Hallen einer so profanen Veranstaltung dienen sollten.

Wenngleich sich Michael nicht daran erinnern konnte, dass es beim Besuch von „Deutschland sucht den Superstar" in Kloster Eberbach Erdbeerbowle gegeben hätte, stand für ihn fest, dass ein Erbach mit Bowlen besser als ein Eberbach mit Bohlen war.

26. Der Gegenbesuch aus Nippon oder: Germanias Schwertwechsel

Von den Ereignissen während ihrer Regentschaft als Ingelheimer Weinkönigin hatte Johanna vor allem den Besuch in Hokkaido in guter Erinnerung behalten. Abgesehen von dem gefloppten Experiment mit dem Hokkaido-Wein war ihr Besuch in Kagachi ein Erfolg gewesen, war doch der Export des „normalen“ Rotweins in die Partnerstadt stark angestiegen. Als nun der Gegenbesuch anstand, durfte Johanna als damalige Weinkönigin natürlich dabei sein, worauf sie sich schon diebisch freute.

Auch der „kürbisschlachtende Samurai“ hatte seine Teilnahme angekündigt und Johanna hoffte, dass es wieder einen so lustigen Abend geben würde.

Schon im Vorfeld hatten die Organisatoren sich die größte Mühe gegeben, für ihre Gäste ein anspruchsvolles und repräsentatives Programm zu erstellen.

Neben einem Empfang in der Mainzer Staatskanzlei und dem Besuch eines Heimspiels von Mainz 05 sowie der Raubkatzen im Ingelheimer Tiger-Garten Waldeck wollte man ganz besondere Akzente setzen. Und wenngleich die Jahreszeit ein klein wenig unpassend dafür war, sollten die japanischen Gäste auch in den Genuss einer Fastnachtssitzung kommen. Als weitere Höhepunkte waren eine Schifffahrt durchs Mittelrheintal bis zur Loreley sowie ein Besuch der Germania in Rüdesheim vorgesehen.

An dieser war Noriaki Musashi, der „Hokkaido-Samurai“ besonders interessiert. Schließlich war er auf Schwerter fixiert und nach einem Hinweis von Johanna auf eine Besonderheit eingestellt, die einem Japaner seines Schlages den Blutdruck durch die Decke schießen ließ.

Um Mitternacht, so hatte Johanna ihn wissen lassen, gäbe es den berühmten Schwertwechsel, bei dem die Germania ihr gesenktes Schwert von der linken Hand in die rechte nehmen würde, um diese mitsamt dem Schwert dann für einige Minuten in die Höhe zu recken.

Diese Schiffsexkursion war für den vorletzten Tag geplant und so fieberte der arme Noriaki tagelang seinem persönlichen Höhepunkt der Tour entgegen.

Als es dann so weit war, vermochten weder Mäuseturm noch Loreley, weder Burg Pfalzgrafenstein noch die Drosselgasse seine Aufmerksamkeit länger als fünf Minuten zu erhaschen, wenngleich er natürlich an jeder Station mindestens ein Gläschen Wein zu sich nahm. Insbesondere die Weinprobe in der Drosselgasse war diesbezüglich zu erwähnen.

Noriaki hatte nicht mitbekommen, dass es sich um eine Weinprobe und nicht um ein „Gelage" handelte. Die meisten Teilnehmer, eigentlich waren es mit seiner Ausnahme sogar alle, schwenkten den Wein zunächst ein wenig, betrachteten die Farbe des edlen Getränkes, rochen ausgiebig daran und nahmen erst dann einen kleinen Schluck davon. Einige nutzten sogar den Spucknapf.

Der tapfere Noriaki dagegen schüttete den kompletten Inhalt eines jeden Glases ohne näheres Ansehen rasch in sich hinein und konnte immerhin ab und zu auch Unterschiede bei den Weinen wahrnehmen, die über die Unterscheidung „weiß" oder „rot" hinausgingen.

Bei der Wahl des Veranstaltungsortes hatte man sich nicht lumpen lassen und auch darauf geachtet, dass die Lokalität eine freie Sicht auf die Germania bot.

Während die meisten Gäste immer wieder mal einen kurzen Blick auf das illuminierte Denkmal warfen, war es bei Noriaki eher umgekehrt. Er versorgte sich immer recht hastig mit dem aktuell zu probierenden Wein und richtete seinen Blick dann wieder auf die Stahlfigur seiner Wahl.

Am Ende der Weinprobe, es war kurz vor Mitternacht, hatte der Schwertwechsel nachvollziehbarerweise noch nicht stattgefunden. Dennoch musste man den Rückweg antreten, denn schließlich befand man sich in Rüdesheim ja auf der „falschen" Seite und musste mit der Fähre nach Ingelheim übersetzen. Wenngleich die Fähre im Sommer normalerweise um 22 Uhr das letzte Mal von Oestrich-Winkel nach Ingelheim fuhr, hatte man mit dem Fährbesitzer vereinbart, dass es um Mitternacht eine Sonderfahrt geben würde. Diese galt es noch zu erreichen. Im Eifer des Gefechtes dachte jeder an sich und wie immer in solchen Situationen blieb manches unbedacht.

Nachdem die Gruppe mit der Fähre nach Ingelheim gelangt war und bevor alle in ihre Hotels oder zu ihren Gastfamilien gehen wollten, zählte man noch einmal die Häupter der Anwesenden und stellte fest, dass jemand fehlte.

Als Johanna mit dem Leiter der japanischen Delegation am nächsten Morgen mit der ersten Fähre übersetzte, fand man Noriaki mit noch immer auf die Germania gerichtetem Blick und zwei Weingläsern in der Hand und mit dem Rücken an eine Hauswand gelehnt dort sitzen.

Nachdem der dritte Versuch, ihn zu wecken, erfolgreich war, weigerte er sich beharrlich, die Blickrichtung zu wechseln und aufzustehen. Das tat er erst, nachdem Johanna ihm glaubhaft versichert hatte, dass es den Schwertwechsel niemals gegeben und er somit nichts verpasst habe.

Wenngleich in diesem Moment für ihn eine Welt zerbrach, war er schließlich bereit, wieder mit nach Ingelheim zu kommen. Als Samurai und damit Mann von Ehre gab es aber noch ein weiteres Problem. Erst als man ihm zusicherte, dass aus Gründen der Gesichtswahrung weder in Ingelheim noch in Japan jemand ein Sterbenswörtchen über diesen Vorfall verlieren würde, verzichtete er darauf, sich in der Art des Seppuko selbst zu richten, was er insgeheim schon ins Auge gefasst hatte.

27. Aufbruch zu neuen Ufern oder: „Auferstanden aus Ruinen“

Südafrika ist ein äußerst interessantes Land: Ein Land mit Krüger-Nationalpark und Krügerrand, ein Land mit bewegter Vergangenheit und spannender Gegenwart sowie ein Land im Süden des afrikanischen Kontinents mit sehr starken europäischen Einflüssen.

Zwischen deprimierender Vergangenheit, insbesondere die das Land spaltende Apartheid, und hoffnungsvoller Zukunft bewegt es sich in einer bipolaren Gegenwart: Einer Gegenwart, die niemals den Blick auf die Schrecken der Apartheid vergisst, aber auch stark von der Hoffnung auf ein anderes Miteinander der verschiedenen Bevölkerungsgruppen lebt.

Inmitten dieses Landes voller Menschen mit traurigen Familiengeschichten hielt eine kleine Endvierzigerin in ihren Händen einen Brief, den sie nicht verstehen konnte, was weniger an ihren intellektuellen Kapazitäten lag, sondern an der Kombination aus Fremd- und Beamtensprache. War es schon schwer, jemanden zu finden, der mit einem deutschsprachigen Brief fertig wurde, so war es schier unmöglich, bei einem in Schwyzerdütsch geschrieben Brief einer eidgenössischen Behörde den Sinn im Sinne des Schreibenden zu verstehen. Erschwerend kam hinzu, dass der Schreibende gute Gründe hatte, das Geschriebene so zu schreiben, dass der Lesende auch nach dem Lesen nur wenig mehr als vor dem Lesevorgang wusste.

Immerhin gab es in ihrem Betrieb zwei Menschen, die zumindest beim Lesen etwas behilflich sein konnten.

Und da beide einen ähnlichen Sinngehalt ermittelt hatten, schien zumindest gesichert, dass es keine Schriftstücke in der Schweiz gab, die belegten, dass ein schwarzes Baby per Flugzeug illegal in die Schweiz gekommen war.

Allerdings gab es niemanden, der besser wusste als sie selbst, dass vor mehr als zweieinhalb Jahrzehnten sehr wohl ein kleines Baby unerlaubterweise an Bord einer Pan-Am-Maschine gebracht worden war: Einer Pan-Am-Maschine, bei deren Zwischenlandung in Zürich alle Passagiere sowie die Crew-Mitglieder aussteigen mussten.

Und nun schrieb man ihr, dass in der Schweiz kein Baby angekommen war. Was wiederum bedeutete, dass sie zumindest von dort kein Lebenszeichen von ihrem Kind erhoffen konnte.

Das machte die kleine schwarze Frau sehr traurig.

28. Spieglein, Spieglein an der Wand, wer hat den schönsten Riesling im Land? Oder: Down Under

Schon in der Vergangenheit hatte Michael viele gute und als solche prämierte Weine unter die Leute bzw. auf die Tische derselben gebracht. In Rheinhessen gehörte das Weingut Kloster Teufelsberg zu den renommiertesten Produzenten des edlen Getränks. Zwar war er auch nach seinem Umzug noch mit einigen Weinen aus den Vorjahren bei den Weinprüfungen vertreten, aber mit seinen neuen Rebstöcken würde es sicher noch einige Jahre dauern, bis er für diese mit Auszeichnungen rechnen könnte. Hinzu kam, dass der verblichene Onkel zwar an wohlfeilen Weinen gefeilt, allerdings auf die Teilnahme an Weinprämierungen keinen großen Wert gelegt hatte.

Daher ging Michael auch dann noch fest davon aus, dass er in Erbach auf diesem Gebiet nichts zu erwarten hatte, als er einen mit Koala-Briefmarken frankierten Umschlag in den Händen hielt.

Aus dem Inhalt wurde er jedoch nicht so recht schlau – und aus exakt dem gleichen Grund war der Brief auch ohne Kommentar von der Verwaltung des Weingutes an ihn weitergereicht worden: Auch dort hatte man mit der Post aus Australien nicht viel anfangen können.

Zweifelsfrei war in dem Schreiben von Wein die Rede, konkreter gesagt, tauchten die Wörter *Australia* und *Riesling* häufiger auf. Dennoch fiel sowohl Michael als auch Frau Jung von der Verwaltung die korrekte Sinnentnahme dieses Schreibens schwer bis sehr schwer – und um der Wahrheit die Ehre zu geben, gelang es beiden nicht.

„Johanna, du hast doch Wirtschaft an der EBS studiert, ihr hattet doch auch Geschäftsenglisch. Kannst du mir das mal übersetzen?“

Johanna machte sich gleich an die Arbeit und so kam dann heraus, dass es sich um ein Schreiben der ehrwürdigen Canberra Riesling Association handelte, das eine Einladung zur Canberra International Riesling Challenge enthielt.

„Was zum Teufel wollen denn Australier mit meinem Riesling?“, fragte sich Michael laut.

Und in das längere Schweigen beim morgendlichen Frühstück des Weingut-Teams hinein hörte man mehrere Fragezeichen aufploppen.

Es war an Michaels Mitarbeiter Nepomuk, dieses Schweigen aufzulösen, denn irgendwann fiel ihm ein, dass Michaels Onkel unter vielen anderen Gästen auch Besuch aus „Down Under“ gehabt hatte.

Dass diese vom Wein berauscht und begeistert waren, hatte er durchaus mitbekommen, nicht aber überbewertet, sondern es darauf geschoben, dass Australier eine ähnlich innige Beziehung zu Wein hätten wie er selber zu Kängurus und Koalas.

Sie hätten auch einige Riesling-Gebinde mitgenommen, was bei Nepomuk einzig die Frage aufgeworfen hatte, ob sie die denn so einfach mit ins Flugzeug würden nehmen können.

Ganz offensichtlich hatten die Flaschen ihr Ziel heil erreicht und der Inhalt schien weiten Teilen der Verkostenden gemundet zu haben.

Jedenfalls fiel niemandem im Weingut ein anderer Weg ein, wie es sonst zu dieser Einladung hätte kommen können.

„Die glauben doch wohl nicht, dass ich da einen guten Wein mit runterbringe. Die Känguru-Schubser merken ja nicht mal, wenn ein Wein nach Kork schmeckt“, meinte Michael, nachdem er festgestellt hatte, dass mit der Einladung ein persönliches Erscheinen verbunden sein könne.

Seine geringfügig negative Einschätzung der australischen Geschmacksnerven hatte er von seinen Eltern übernommen, die den Trinkgenuss nicht-europäischer, namentlich australischer Weine mit dem Untergang des christlichen Abendlandes gleichsetzten – dies allerdings durchaus mit einigem Unrecht, denn trotz gehöriger Entfernung zu eben diesem christlichen Abendland gibt es auch Down Under hervorragende Weine.

„Extra Wein mitbringen, das ist gar nicht nötig“, meinte Johanna, die in der Zwischenzeit weitergelesen hatte. „Dein Onkel hat wohl kurze Zeit später einige weitere Flaschen nach Canberra geschickt, um an der International Canberra Vine Challenge teilzunehmen. So, wie es aussieht, hat der Wein einen Preis gewonnen und du darfst zur Verleihung nach Australien kommen!“

29. Urs schwitzt

In all den Jahren war Urs Balthasar Pflücklinger in seiner Schweizer Amtsstube schon so einiges begegnet. So hatte es vor wenigen Jahren einen Streikaufruf an die Tarifbeschäftigten seiner Behörde gegeben. Als Beamter war er zwar nicht betroffen, aber es gab jede Menge Unruhe in seinem beruflichen Umfeld. Natürlich kam es dann letztlich doch nicht zum Streik – schließlich befand man sich ja in der Schweiz –, aber die Situation hatte schon an seinen Nerven gezehrt.

Dieses Mal jedoch ging der Kelch nicht an ihm vorüber. Nach der suspekten Anfrage aus Südafrika nach einem illegal an Bord eines Flugzeugs ins Land eingereisten Baby kam es jetzt knüppeldick. Zwar hatte er nach eingehender Recherche eine verneinende Antwort in den Süden Afrikas gesendet, aber die Sache war damit nicht ausgestanden.

Heute hielt er ein Schreiben aus Deutschland in den Händen. Auch dieses war von seiner Vorgesetzten an ihn weitergeleitet worden – und weil diese eins und eins zusammenzählen konnte, drohte nun eine Rücksprache.

Das wäre sie dann, die erste Rücksprache in 26 Jahren Berufsbeamtentum vom Feinsten!

Das im Rheingau abgesendete Schreiben einer jungen Schweizerin schien inhaltlich genau an den südafrikanischen Brief anzuknüpfen, der ihn vor einigen Monaten wochenlang beschäftigt hatte.

Die junge Dame gab an, dass sie ein Adoptivkind sei und zurzeit in Deutschland studiere. Sie gab ferner an, dass sie wohl als Baby aus Südafrika in die Schweiz gebracht worden sei. Wie das geschehen sei, wisse sie genauso wenig wie ihren eigentlichen Namen und den genauen Ort ihrer Herkunft.

An sich war das alles schon Grund genug, einen feschen abschlägigen Bescheid zu versenden, wäre da nicht das Schreiben aus Südafrika gewesen.

Um nicht in Teufels Küche zu kommen, hatte er seinerzeit zwar recherchiert, aber nicht wirklich etwas herausbekommen. Und so entschloss er sich, den Brief zwar zu beantworten, aber dabei keine näheren Informationen preiszugeben.

Eigentlich gab es ja auch gar keine, zumindest nicht Schwarz auf Weiß. Zwar erinnerten sich einige ältere Kollegen, dass es mal eine Kindesvermittlung gab, die allen unter den Nägeln brannte, doch schriftlich fand sich beim besten Willen nichts, wenn denn überhaupt jemand diesen besten Willen hätte aufbringen wollen.

Politische Hintergründe hatte das Ganze wohl gehabt – und da mochte natürlich niemand irgendetwas sagen; es musste sich wohl um eine Situation handeln, die entstanden war, kurz bevor Urs Balthasar in die Abteilung kam. Er wunderte sich damals – und er wunderte sich auch heute –, weshalb es keine schriftlichen Aufzeichnungen dazu gab. Aber er verstand sehr wohl die Blicke seiner Kollegen, die ihm unmissverständlich zu verstehen gaben, dass es nun einmal keine Unterlagen gab, weil es keine Unterlagen geben sollte.

Und so konnte man ihm aus der Erinnerung zwar noch verraten, dass es sich wohl um ein Mädchen aus Afrika gehandelt habe. Doch nach seiner Bitte, das Land innerhalb des Kontinents beim Namen zu nennen – wofür man der Bezeichnung des Erdteils ja lediglich eine Himmelsrichtung hätte hinzufügen müssen –, war es auch schon wieder aus und vorbei mit der Kollegialität und das große Schweigen setzte wieder ein.

Zwei Seelen schlugen nun in Urs Balthasars Brust: Zum einen war da die akkurate Beamtenseele, die die Dinge sauber und ordentlich bzw. sachlich vollständig richtig erledigen wollte – und zum anderen die akkurate Beamtenseele, die die Unruhe und damit verbundene Hektik vermeiden wollte.

Dass diese beiden Seelen zu viel für eine kleine Beamtenbrust waren, war auch Herrn Pflücklinger klar. Nicht nur, dass er sich äußerst unwohl fühlte, nein, Urs begann sogar zu schwitzen.

Er versuchte, sich die Folgen einer Entscheidung vorzustellen, einer Entscheidung, die zweifelsfrei getroffen werden musste.

Auf der einen Seite konnte so viel Staub aufgewirbelt werden, dass die Sahara dagegen ein Sandkasten wäre – und dies in Verbindung mit einem Presse-Echo, das sein Ministerium noch nicht erlebt hatte.

Auf der anderen Seite war er als Beamter ja schon auch irgendwie ein Stück weit der Wahrheit verpflichtet, soweit man das natürlich sagen bzw. wissen konnte.

Wissen tat er definitiv nichts. Wohl aber gab es eine Ahnung und nachdem nun der zweite Brief in dieser Sache angekommen war, konnte und durfte er eigentlich nicht so tun, als gäbe es da keine Zusammenhänge.

In dieser äußerst prekären Lage war Urs Balthasar Pflücklinger froh, dass es inmitten seiner Gedankengänge plötzlich 16 Uhr wurde und er zur Stechuhr schleichen konnte, die ihn wenige Minuten später ins Wochenende entlassen würde. Und da sich an dieses unmittelbar sein Jahresurlaub bis Ende Juli anschloss, war er zuversichtlich, dass er trotz oder gerade wegen der schwierigen Situation auf seinem Schreibtisch seiner Urlaubsvertretung eine interessante Entscheidung überlassen hatte.

30. Er schmeckt oder: „Best Wine of Northern Hemisphere“

Eine Preisverleihung ohne Anwesenheit war für Michael wie ein Sommer ohne Sonne – kurz, für ihn war klar, dass er nach Canberra musste, um den Preis persönlich abzuholen. Umso mehr, als ja nicht er, sondern sein Onkel an dem Wettbewerb teilgenommen hatte. So war die Auszeichnung ja eigentlich seinem Onkel zugedacht – und Michael sah das Weingut da schon in der Pflicht.

Allerdings gab es das Problem, dass entweder Johanna oder er im Weingut bleiben mussten, damit dort alles weiterlaufen konnte. Eine gemeinsame Reise nach Australien war also nicht möglich – nur einer von beiden konnte nach Canberra reisen.

Sie mussten deshalb entscheiden, was in Australien wichtiger seien würde: Johannas gute Englischkenntnisse oder Michaels Weinverstand.

Wenngleich Johanna in der Zwischenzeit ihr Weinwissen doch recht beachtlich erweitert hatte, blieben noch große Lücken. Wenn diese bei der Riesling Challenge den Fachleuten auffallen würden, was zu erwarten war, wäre das keine Werbung für das Weingut.

Andererseits konnte sich Michael zwar besser auf Englisch als auf Japanisch verständigen, aber in keiner der beiden Sprachen würde er sich eine Konversation zutrauen, die ihm einen längerfristigen hungerfreien Aufenthalt im jeweiligen Sprachgebiet sichern würde. Dennoch hatte er Lust auf Australien, denn dieses Land auf der anderen Seite der Erdkugel hatte es ihm irgendwie angetan und er freute sich darauf, mit einem Mietwagen zum Ayers Rock zu fahren, dem Heiligen Berg der Aborigines; allerdings wusste er da noch nicht, dass er dafür rund 2.000 Kilometer fahren müsste.

Immerhin versicherte man ihm in Canberra, dass er sich für seinen Aufenthalt zumindest in Bezug auf die Sprachproblematik keine Sorgen machen müsse. Schließlich wäre auf der Challenge nicht nur ein Australier anwesend, der einige Jahre in Geisenheim studiert hätte, sondern sogar ein deutscher Muttersprachler, der vor nicht allzu langer Zeit Down Under ausgewandert sei und es als Ehre betrachten würde, für seinen Landsmann dolmetschen zu dürfen.

So blieb Johanna im Weingut, während Michael sich nach Australien begab. Als schwierig erwies sich die Auswahl seiner Garderobe: Auf der einen Seite hatte er eine nicht unbedeutende Auszeichnung entgegenzunehmen, auf der anderen Seite wollte er nicht „overstylt" sein, schließlich gelten die Menschen in Australien nicht erst seit „Crocodile Dundee" doch als recht hemdsärmlig.

Schließlich entschied er sich gegen den Anzug und vertraute auf seinen Outback-Hut, der ihm auch in den Weinbergen gute Dienste leistete.

In Australien angekommen, waren die Sprachprobleme dann allerdings doch größer als zuletzt angenommen. Der deutsche Muttersprachler hatte überraschend eine Kehlkopfentzündung bekommen und konnte keine Hilfestellung leisten, zumindest keine verbale. Und bei dem Australier, der die Geisenheimer Fachhochschule besucht hatte, fragte sich Michael, wie dieser die Prüfungen hatte bestehen können, ohne auch nur ansatzweise der deutschen Sprache mächtig zu sein.

Dennoch brachte die Reise nach Australien einige von Michaels Vorurteilen ins Wanken: So stellte er fest, dass so mancher Australier doch mehr von Wein verstand, als er das bisher angenommen hatte. Der erste Beweis dafür war, dass man den Wein seines Onkels gekürt hatte, was ja per se schon von einem guten Geschmack zeugte. Darüber hinaus erlebte Michael nicht nur beim Riesling eine Geschmacksvielfalt, die ihn in Verzückung versetzte.

Zuvor allerdings hatte der Wettbewerbswein seines Onkels die Juroren in Verzückung versetzt. Der Rheingauer Tropfen wurde zum „Best Wine of Northern Hemisphere" gekürt. Michael fand das ein wenig übertrieben, zumal nur zwei Rieslinge aus Weinbauregionen nördlich des Äquators eingereicht worden waren. Aber das hielt ihn natürlich nicht davon ab, die Ehrung anzunehmen.

Einer seiner Ansprechpartner, ein Mitglied der Jury, lud ihn anschließend auf sein eigenes Weingut ein. Sowohl die Größe des Betriebes als auch die Arbeitsweise dort sprengten jegliche Vorstellungen Michaels.

Zwar verteilte sich auch in Deutschland die Anbaufläche durch die vielen Winzer, die keine wirtschaftliche Basis mehr sahen und in der Folge aufgaben, auf immer weniger Weingüter, was immer größere Betriebe zur Folge hatte.

In Australien jedoch waren die Betriebe noch erheblich größer und Michael staunte nicht schlecht über die enorme Anbaufläche, die das Jurymitglied sein eigen nannte.

Das größte Problem in Australien, das nicht nur die Winzer betraf, war der gravierende – und infolge des Klimawandels noch zunehmende – Wassermangel. In vielen Regionen war der Weinbau nur mit massiver künstlicher Bewässerung möglich, was Michael nicht wirklich nachhaltig bzw. ökologisch vorkam. Hinzu kam die Tatsache, dass man in Australien sehr häufig zu chemischen Mitteln griff, um tatsächliche oder auch nur befürchtete Probleme schnell in den Griff zu bekommen.

Wenn man dann noch bedachte, dass in Deutschland getrunkener australischer Wein einmal um die Welt transportiert werden musste, war für ihn klar, dass so ein Genuss nicht wirklich nachhaltig sein konnte. Umgekehrt galt dies natürlich auch für den Export deutschen Weines nach Australien, sodass für Michael feststand, dass er keine nennenswerten geschäftlichen Kontakte ins Land der Koalas würde aufbauen wollen.

Anders dagegen sah die Situation aus, als er mit einem russischen Weinhändler in Kontakt kam. Wladimir war ein ausgewiesener Experte im Wodkahandel, wobei er nicht nur im Dienst, sondern auch in seiner Freizeit ausgesprochen gerne das russische Lieblingsgetränk konsumierte, um es einmal etwas vornehm auszudrücken. Aufgrund seiner unstrittigen Verdienste um dieses für Russland nicht ganz unwichtige Marktsegment hatte er eine gute Reputation im Handelsministerium – und so hatte man ihm auch die Verantwortung für den Weinhandel übertragen.

Genosse Smirnoff hatte zwar von Englisch und Wein so viel Ahnung wie durchschnittliche deutsche Bundesbürger von den Besonderheiten der japanischen Grammatik, aber er hatte eine Übersetzerin namens Natascha. Besonders erfreulich war, dass Natascha nicht nur ausgezeichnete Kenntnisse in der englischen Sprache besaß, sondern auch sehr gut deutsch sprach. Und so dauerten die Gespräche zwischen Michael und Wladimir übersetzungsbedingt zwar meist sehr lange, aber es gelang, die zu vermittelnden Inhalte unmissverständlich zu vermitteln.

In Wladimirs beruflichem Umfeld war dies nicht immer so gewesen, denn Nataschas Vorgängerin Ludmilla war nach einer etwas unglücklichen Aktion gefeuert worden: Nachdem sie Wladimir so verstanden hatte, dass sie mit ihm zur Australian Wine Challenge reisen sollte, hatte sie eine Reiseagentur beauftragt, die entsprechenden Flug- und Hotelbuchungen für den besagten Zeitraum vorzunehmen. Wladimir war zunächst ein wenig verunsichert, als er in Wien gelandet war. Anfangs hielt er das für eine ungeschickte Zwischenlandung, denn die direkte Flugroute nach Australien schien ihm nicht zwangsläufig über Wien zu führen.

Als aber Ludmilla zum Hotel in die Innenstadt wollte, fragte er sie, wieso es eine Zwischenübernachtung in Wien geben solle. Von einer Zwischenübernachtung sei nicht die Rede, er wolle doch zur Wine Challenge. Ludmilla meinte nur, dass sie sich informiert habe und die Austrian Wine Challenge finde nun einmal in Wien statt.

Dass diese Verwechslung von Austrian und Australian ihr letzter Fehler in der beruflichen Zusammenarbeit mit Wladimir war, kam beim russischen Hang zu autoritären und impulsiven Entscheidungen nicht wirklich überraschend. Da es neben der beruflichen keine weitere gemeinsame Ebene mit Wladimir gab, hatte kurzerhand Natascha von der russischen Botschaft in Wien die Weiterreise sowie die Begleitung von Waldimir übernommen.

Und so verlief Michaels Aufenthalt in Australien dank der Bekanntschaft mit Wladimir und Nataschas verbaler Hilfestellungen letztlich doch überraschend problemfrei, was auch für den Besuch des Ayers Rock galt. Allerdings unterließ man nach Intervention von Natascha die entfernungsmäßig leicht unterschätzte, rund 2.000 Kilometer lange Anreise mit dem Auto zugunsten einer Flugreise, die in Australien nicht viel mehr als eine gute beziehungsweise sehr gute Flasche Wein kostet.

Problematisch wurde es erst wieder bei der Ausreise. Für die australischen Behörden war es nicht so recht nachvollziehbar, weshalb jemand nach zwei Wochen Australien ausgerechnet einen Zinnbecher mit nach Europa nehmen wollte. Den Zollbeamten war nicht wirklich klarzumachen, warum dies bei einer Weinprämierung der Preis für den Sieger sein sollte.

Genau dies aber war der Preis auf der Trophy gewesen und so ließ Michael sich auf keine Diskussionen ein und kämpfte sich und den Zinnbecher durch den Zoll.

31. Fudelfusel oder: Kreativer Weinbau

Nach seiner Rückkehr brauchte Michael schon einige Tage, um sich wieder an das geregelte Leben auf der Nordhalbkugel zu gewöhnen. Und da er nach seiner zweiwöchigen Auszeit wieder richtig loslegen wollte, machte er sich wagemutig an ein Projekt, das er schon seit Monaten immer wieder aufgeschoben hatte. Bisher war ihm jede auch nur fadenscheinige Ausrede willkommen gewesen, um sich zu drücken, aber nun wollte er es endlich anpacken: Der Dachboden des Haupthauses wartete auf eine Entrümpelung, die es in sich haben sollte.

Erst ein einziges Mal in seiner Zeit im nunmehr eigenen Weingut hatte er den Dachboden betreten. Schon eine nur wenige Sekunden andauernde Begehung dieser Räumlichkeit durch einen Hausstauballergiker hätte mit einer an Sicherheit grenzenden Wahrscheinlichkeit ausgereicht, um einen allergischen Schock auszulösen.

Glücklicherweise gehörte Michael nicht zur Gruppe der derart geplagten Menschen und so wollte er sich dort oben an die Arbeit machen.

Während diese Arbeit in den ersten Minuten locker von der Hand ging (das große offene Fenster, der in weiser Voraussicht von ihm gesperrte und damit freie Hof sowie die dazwischenliegenden gut zehn Meter Fallhöhe waren ihm dabei eine große Hilfe), zeichnete sich ab, dass wenige Meter weiter hinten mit einem erheblich größerem Widerstand der an sich toten Materie zu rechnen sein würde.

Irgendwie schien sich im Laufe der Jahre doch jede Menge Gelärsch angesammelt zu haben und so dachte er bei sich: „Es sammelt sich doch jede Menge Gelärsch an.“ Und als Johanna aufgrund des doch recht beachtlichen Lärmpegels der Aufräumaktion wenige Augenblicke später nach dem Rechten sehen wollte, sagte er zu ihr: „Es sammelt sich doch jede Menge Gelärsch an.“

Damit hatte er zweifelsohne recht, denn im Hof lagen mittlerweile schon einige zerborstene Wäscheständer, jede Menge – in Michaels

Augen – sinn- beziehungsweise zweckloser Holzbalken und Holzböcke. Aber auch zwei alte Fernseher, ein Radio und mehrere Spiegel (allesamt von Michael nicht per Freifall, sondern aufgrund der zu befürchtenden üblen Zersplitterung über das Treppenhaus zu Fuß in den Hof verbracht) zierten den Innenhof des Weingutes.

„Geht's noch lauter?", fragte Johanna, deren Mittagsschlaf er unsanft durch seine Aktion beendet hatte und die sich zwischendurch immer wieder mal gefragt hatte, ob es noch lauter ginge.

„An sich bin ich mit den lauten Dingen durch", meinte Michael, denn jetzt sah es nach jeder Menge lautloser Arbeit aus – jede Menge Kisten und Kartons standen geschlossen vor ihm und warteten darauf, dass er sie öffnete und zuvor von einer zentimeterdicken Staubschicht befreite.

Die ersten Kisten enthielten betriebliche Unterlagen, sprich Akten mit Einkäufen fürs Weingut und Abrechnungen und jede Menge Belege.

„Ich habe sogar Kellerbücher aus den siebziger Jahren gefunden", frohlockte er.

„Ob dies der richtige Aufbewahrungsort für Kellerbücher ist, wage ich zu bezweifeln", meinte die von Michaels Euphorie ungerührte Johanna nur, denn sie hielt die Archivierung von Kellerbüchern auf dem Dachboden nicht nur für einen sprachlichen Widerspruch.

Im weiteren Verlauf fand sich dann auch noch ein Ordner mit Presseberichten über das erste ökologische Weingut im Rheingau. Seines Onkels Weingut kam dabei in einem Bericht nicht besonders gut weg: Es war von einem recht herben Wein die Rede.

Besonders beachtenswert fand Michael aber einen anderen Artikel, den sein Onkel aufgehoben hatte. Nachdem er ihn gelesen hatte, wusste er, weshalb sein Onkel Öko-Winzer hatte werden wollen.

Im Artikel ging es um niemand anderen als seines Onkels Vater. Michaels Mutter hatte mal erzählt, dass ihr eigener Vater in Geisenheim ein Weingut geführt hatte.

Dass es dies nicht mehr gab und dass Onkel Johann Baptist zwar Winzer war, aber eben nicht in seinem Geburtsort Geisenheim, schien in einem engen Verhältnis zu stehen.

„Was hast du denn gefunden?“, wollte Johanna wissen.

„Ich weiß gar nicht, ob ich das wirklich so genau wissen will“, antwortete Michael und runzelte dabei die Stirn, da er schon in einen Zeitungsartikel versunken war.

„Egal, was es ist – das Ganze ist doch Ewigkeiten her; um sich darüber den Kopf zu zerbrechen, ist es daher mit Sicherheit schon zu spät.“

„Stimmt, aber je mehr ich lese, desto heftiger wird das“, meinte Michael und gab die wesentlichen Details wieder.

Sein Großvater hatte in der Tat einen großen Weinbaubetrieb geführt, aber einen Namen hatte er sich eher durch eine andere Sache gemacht. Um diese zu verstehen, muss man sich vergegenwärtigen, dass in den 1950er-Jahren sowohl der Weinbau als auch die Weinkontrolle noch nicht so ausgefeilt waren wie heute, was diverse unsaubere Arbeitsmethoden ermöglichte.

Sein Großvater hatte dabei wohl den Vogel abgeschossen, stand er doch im Mittelpunkt des Artikels. Er hatte Weine mit sehr hohen Verkaufszahlen gehabt, wobei die Bezeichnung *Wein* eine etwas euphemistische Umschreibung einer wie auch immer zusammengesetzten Flüssigkeit war.

Letztlich ging es um gut drei Millionen Liter, die seinen Betrieb verlassen hatten. Sein Großvater hatte seinerzeit im Ausland große Mengen Traubenmost gekauft. So weit, so gut und auch noch kein Verbrechen.

Diesen Traubenmost jedoch verlängerte er mit Wasser, wobei er 100 Litern Most genau 200 Liter Wasser beifügte. Um einen Weingeschmack vorzutäuschen, hatte er in seiner unrühmlichen Karriere 240.000 Kilo Weinzucker, 3.500 Kilo Zitronensäure, 4.800 Kilo Glyzerin, 760 Kilo Pottasche, 530 Kilo Zymol, 120 Kilo Ammoniumphosphat und andere Chemikalien beigefügt.

Mit dieser durchaus als kreativ, aber auch als ziemlich verboten, zu bezeichnenden Methode hatte sein Großvater vier Jahre lang Erfolg gehabt, in denen er seine „Weine“ unter den Bezeichnungen „Liebfrauenmilch“ und „Niersteiner Domtal“ auf den Markt gebracht hatte. Und da er in diesem Segment so erfolgreich war, weitete er sein Geschäftsmodell natürlich aus.

In gleicher Manier produzierte er schließlich auch gut 100.000 Flaschen Sekt: Dazu reicherte er den „Geisenheimer Kabinett", so der Name, mit dem er diese Plörre unters Volk brachte, noch mit Kohlensäure an, damit der Schaumwein denn auch perle.

Als dann die Zahl der Kunden, die nach Genuss seiner Weine über Kopfschmerzen klagten, immer größer wurde, fiel der ganze Schwindel auf. Letztlich war es insbesondere die Wasserrechnung, die ihn überführte. Der Verbrauch war für einen Betrieb seiner Größenordnung einfach exorbitant.

Doch da sein Großvater zu der eher hartnäckigen Sorte Mensch zählte, war sein Auftreten vor Gericht nicht gerade von Selbstzweifeln oder gar der Einsicht geprägt, etwas falsch gemacht zu haben. Als beratungsresistenter Kompetenzsimulant schlug er die eher in Richtung Schuldeingeständnis orientierten Verhaltensvorgaben seines Verteidigers aus. Seine Rechtfertigungsrede gipfelte darin, dass er dem Richter den Vorschlag unterbreitete, die drohende Geldstrafe durch den Verkauf durchaus noch vorhandener Restbestände unter einem noch zu erfindenden Fantasienamen zu begleichen.

Dass dieser Vorschlag vom Richter nicht als strafmildernd berücksichtigt wurde, konnte er auch Jahre nach dem Verfahren nicht wirklich nachvollziehen. Und auch das abrupte und dauerhafte Ende seiner Winzerkarriere, sprich das Berufsverbot, blieb ihm bis zuletzt ein unerklärliches Rätsel.

Dies alles ging natürlich am jungen Johann Baptist nicht ganz spurlos vorüber. Als er sich beruflich orientierte, hätte er jede Tätigkeit angenommen, nur nicht die des Winzers.

Diese Konsequenz brachte er letztlich dann doch nicht auf und so entschied er sich zwar für den Weinbau, wollte aber alles anders machen. Und so wurde aus Onkel Johann Baptist der erste Biowinzer – und das zu einem Zeitpunkt, als die Vorsilbe Bio den meisten Menschen zwar von der Begrifflichkeit Biologie oder „Bio's Bahnhof", nicht aber im Zusammenhang mit gesund hergestellten Lebensmitteln geläufig war. Schließlich sollte es noch gut zwanzig Jahre dauern, bis sich die biologische Landwirtschaft inklusive Weinbau einen nennenswerten Marktanteil erobern konnte.

Johanna und Michael saßen erst einmal eine Weile auf dem Dachboden und waren sprachlos.

„Wenigstens wissen wir jetzt, warum deine Eltern weder über deinen Onkel noch über deinen Großvater reden wollten", fand Johanna als erste wieder Worte.

„Ich denke, dass mein Onkel die für ihn einzig richtige Entscheidung getroffen hat und gar nicht anders handeln konnte, wenn er mit Wein arbeiten wollte", stellte Michael fest.

„Da bleibt mir nur eines festzustellen", meinte Johanna, „egal, was kommt – eine Liebfrauenmilch werden wir garantiert nicht auf den Markt bringen!"

„Und für eine Jungfrauenmilch ist es bei dir wohl auch zu spät", legte Michael, dabei nicht nur an die letzte Nacht denkend, noch nach.

32. Das Vater-Tochter-Gespräch oder: „Im Tretboot in Seenot“

In den ersten Tagen hatte Johanna Michael nichts über den Brief erzählt, den sie von der Adoptionsbehörde aus der Schweiz erhalten hatte. Sie war völlig unschlüssig, was sie nun machen und wie es weitergehen sollte.

In schönstem Beamten-Schwyzerdütsch wurde ihr zu verstehen gegeben, dass man ihre Eingabe gewissenhaft geprüft habe und dabei äußerst sorgfältig zu Werke gegangen sei.

Wenngleich Johanna das nicht beurteilen konnte, so sprach die seit ihrem Anschreiben vergangene Zeit von gut acht Monaten zumindest für eine langwierige beziehungsweise eine selbst für Schweizer Verhältnisse doch sehr langsame Prüfung.

Dass diese Untersuchung dann letztlich wie das Hornberger Schießen ausgegangen zu sein schien, konnte und wollte Johanna nicht nachvollziehen.

Der Glaube an ein Paket, das als postalischer Irrläufer mit der kaum leserlichen Lieferadresse Malzahn per Postschiff auf eine Insel mit zwei Bergen ausgeliefert wurde und das ein kleines schwarzes Baby zum Inhalt hatte, lag ihr ebenso fern wie der Glaube an eine Teleportation oder das Beamen im Raumschiff Enterprise. Stattdessen war sie davon überzeugt, dass es sich doch herausfinden lassen müsste, wie vor über 25 Jahren ein kleines schwarzes Baby den Weg in die von afrikanischstämmigen Menschen weder heute noch damals überlaufene Schweiz finden konnte.

Da zudem einige Formulierungen in der Antwort ein klein wenig schwammig daher kamen, um nicht zu sagen, dass sie unglaubwürdig erschienen, suchte sie das Gespräch mit ihrem Vater.

Da dieser, von gelegentlichen Briefen aus der Oestrich-Winkeler „European Business School“ abgesehen, in letzter Zeit nur wenig Kontakt mit seiner Tochter gehabt hatte, war er über ihre aktuelle Situation nicht gut informiert. So ging er nach wie vor davon aus, dass

Johanna ihren Abschluss schaffen würde – wenn auch mit einem Jahr Verspätung. Von daher überwies er auch die Miete nach wie vor an Michaels Eltern, die das Geld stirnrunzelnd, aber weitestgehend kommentarlos an Johanna weiterleiteten.

Umso überraschter war er, als Johanna ihm dann zum Schweizer Nationalfeiertag, dem 1. August, einen Besuch ankündigte.

Mit seiner neuen Frau hatte er ein wunderschönes Domizil am Vierwaldstättersee und dort traf Johanna die beiden dann auch.

Es fiel ihr nicht leicht, ihrem Vater so viele Dinge zu erzählen, von denen er nichts wusste; schließlich wähnte er seine Tochter ja nach wie vor im zusätzlichen Studienjahr, überwies pünktlich die Miete, wobei das streng genommen per Dauerauftrag geschah, sodass er in den Irrungen und Wirrungen seiner doch recht beachtlichen Geldströme diesen recht übersichtlichen Posten eigentlich gar nicht bemerkte; um ehrlich zu sein, gab es mit Ausnahme seines Steuerberaters niemanden, der diese Mietzahlungen überhaupt bemerkte.

Im Verlauf des Gespräches mit seiner Adoptivtochter fiel ihm auf, dass ihm jahrelang eigentlich gar nichts aufgefallen war, zumindest nicht in Bezug auf ihre Ausbildung im Rheingau.

Dass er – wie schon bei der Anmietung der Studentenwohnung für seine Tochter – zwischen Rheinhessen und Rheingau noch immer nicht unterscheiden konnte, zeigte recht deutlich, dass er sich mit der Studiensituation seiner Tochter nicht im Entferntesten auseinandergesetzt hatte.

Als Johanna dann zum Grund ihres Besuches kam – sie wollte ja nähere Informationen zu ihrer wirklichen Herkunft haben – musste sie abermals feststellen, dass auch ihr Vater ganz offensichtlich nicht viel Licht ins Dunkel bringen konnte, sprich nähere Informationen liefern konnte.

Auch ihnen sei damals nicht viel erzählt worden. Sie hätten lange auf ein Adoptivkind gewartet und sich schon fast damit abgefunden, dass sie auf legalem Weg wohl keines mehr bekommen würden. Über die Legalität des letztendlich von den Behörden gewählten Weges wollte sich der Vater nicht äußern. Da er dies auch an anderer Stelle nicht tun wird, bleibt es den werten Lesenden überlassen, eine solche Bewertung vorzunehmen.

„Eines Tages hat ein Mitarbeiter der Adoptivbehörde bei uns angerufen und gefragt, ob unser Vermittlungsgesuch nach wie vor aktuell sei", sagte Johannas Vater nur. „Natürlich haben wir dies bejaht. Daraufhin hat man uns zunächst telefonisch und später dann im direkten Gespräch mitgeteilt, dass es sich um eine etwas ungewöhnliche Adoption handeln würde."

Es würde sich dabei um ein schwarzes Mädchen handeln. Sie hätten beide sofort zugestimmt, denn die Haarfarbe sei ihnen ja völlig egal gewesen.

Dies habe den Mitarbeiter dann dazu gebracht, das Adjektiv „schwarz" ein wenig zu präzisieren, denn es handele sich zwar durchaus um ein Kind mit schwarzen Haaren, vor allem aber um eines mit schwarzer Hautfarbe.

Während dies für Frau Sprüngli überhaupt keinen Unterschied gemacht hätte, habe er zunächst ein wenig gestutzt und gezögert. Letztlich habe sich seine Frau durchgesetzt und sie hätten zugestimmt.

Der Beamte habe noch erklärt, dass er und seine Behörde dem Ehepaar Sprüngli keinerlei Hintergrundinformationen geben dürften: weder zum Zeitpunkt der Adoption noch zu einem späteren Datum.

Sofern sie damit einverstanden seien, könne die Adoption unverzüglich stattfinden, habe es damals geheißen, sie müssten das Baby im Prinzip nur abholen.

Natürlich hätten sie beide zahllose Fragen gehabt, aber es habe halt keine Antworten gegeben – und wie Vater Sprüngli im Nachhinein feststellte, hatten die Behörden noch nicht einmal eine Akte angelegt.

So vermutete man, dass das Baby aufgrund der Hautfarbe wohl eher aus dem südlichen Afrika zu stammen schien. Natürlich hätte es auch das „Klappenbaby" einer Schwarzen aus der Schweiz sein können, selbst wenn die Anzahl schwangerer Frauen und zeugungsfähiger Männer aus Schwarzafrika in der Schweiz seinerzeit recht überschaubar gewesen war und sich über diese Tatsache die Mutter- beziehungsweise Vaterschaft wohl hätte nachverfolgen lassen; aber

egal, wie viele Gedanken man sich gemacht habe, es wären immer mehr Fragezeichen als zuvor verblieben.
Anschließend hätten sie, so Johannas Vater weiter, eine Geburtsurkunde sowie einen Personalausweis für das Baby erhalten; letztlich ging aus der Geburtsurkunde lediglich hervor, dass der Schreiber dieser Urkunde offensichtlich recht kreativ gewesen sein musste, was Johannas Vater schon damals erstaunt hatte, denn Schweizer Beamten eilt der Ruf einer Kreativität gemeinhin nicht zwangsläufig voraus; kompliziert und sperrig würde es da üblicherweise genauer treffen.

Um es auf den Punkt zu bringen, hatten sich die Behörden für die „Klappenbaby-Variante“ entschieden. Somit war es auch nicht notwendig, konkrete Infos über die leiblichen Eltern, den realen Geburtsort oder gar das Herkunftsland zu dokumentieren.

Dass es zum Zeitpunkt von Johannas Geburt allerdings noch gar keine Babyklappe in der Schweiz gab*, war dem Ersteller der Urkunde leider entgangen. Er hatte in seinem Italienurlaub im Vorjahr eine dieser Einrichtungen aus dem Mittelalter gesehen. Als er von seiner Vorgesetzten zu einem etwas fantasievollen Umgang mit der Realität aufgefordert worden war, hielt er eine solche „Drehlade“ für eine gute Idee, Johannas Herkunft zu konstruieren.

„Im Laufe der Zeit haben wir uns einfach damit abgefunden, dass wir keine Antworten bekommen. Für uns war entscheidend, dass du ein gesundes Baby warst, ein Baby, das deine Mutter glücklich gemacht hat und das auch ich liebgewonnen habe“, beendete der Vater seine Ausführungen.

Wenngleich Johanna am letzten Halbsatz ihre Zweifel hatte, war sie ihm dankbar für diese – wenn auch recht mageren – Informationen.

Trotz des wenig hilfreichen Gesprächs mit ihrem Vater war Johanna fest entschlossen, ihre Suche fortzusetzen. Schließlich hatte sie mit dem Schreiben der Adoptionsbehörde nicht nur eine konkrete Adresse, sondern mit dem zuständigen Sachbearbeiter auch eine konkrete Person, bei der sie weiter bohren konnte.

„Wenn ich den erwische, kann er sich warm anziehen. Dem mach ich in seiner Amtsstube so einen Orkan, dass die Tretboote auf dem Vierwaldstätter See davon in Seenot kommen", meinte Johanna nur.

Und ihr Vater, der Johannas wenig schweizerisches Temperament bestens kannte, wusste nur zu gut, dass dies kein leeres Versprechen war. Wenn jemand etwas über Johannas Herkunft herausfinden konnte, dann sie selbst.

33. Das Weingut in Südafrika oder: Shosholoza!

In der untergehenden Sonne war es ein wunderbares Bild: In der Ferne die Zederberge als Ausläufer des Koolo-Gebirges – und davor, so weit das Auge reichte, Weinberge, die die Landschaft schon seit Jahrhunderten prägten. „In diesem Jahr haben wir einen ganz besonderen Jahrgang“, verkündete der Kellermeister den Mitarbeitern des Weingutes.

„Allesverloren“, eines der traditionsreichsten Weingüter in Südafrika, lag gut 90 Kilometer nordöstlich von Kapstadt und produzierte schon seit fast 300 Jahren Spitzenweine, die nicht nur in Südafrika Abnehmer fanden.

Bereits Mitte des 17. Jahrhunderts hatte man dort die ersten Weine hergestellt und auf diese Tradition war man sehr stolz.

„Der Shiraz* ist unvergleichlich geworden und unser Tinta Barroca* ist fruchtig und kraftvoll wie immer“, fuhr er fort.

Die meisten Mitarbeiter des Weingutes kannten diese jährlich wiederkehrende Freude des Kellermeisters schon, dennoch war die gemeinsame Verkostung des ersten Weins etwas ganz Besonderes.

Nkosazanna Sisulu war mit ihren Gedanken jedoch nicht ganz bei der Sache. Vor zwei Tagen hatte sie erneut Post aus der Schweiz bekommen und dieses Mal machte sie der Brief der Schweizer Behörde noch etwas trauriger als beim letzten Mal.

Auch dieses Mal hatte sie fast einen Tag gebraucht, um jemanden an die Hand zu bekommen, der ihr diesen Brief übersetzen konnte. Da die Schweizer ihr erneut in Deutsch geantwortet hatten, gab es halt nicht sehr viele Leute, die ihr bei der Übersetzung helfen konnten – allerdings hätte ihr auch eine italienische oder französische Variante der Behördenantwort nicht weitergeholfen. Englisch hatte man in der Schweiz offensichtlich nicht im Repertoire. Dieses Ärgernis aber war noch das geringste Problem an der Antwort.

Auf ihre erneute Eingabe habe man alle in Frage kommenden Dienststellen befragt und noch vorhandene Akten gesichtet. Gefunden habe man allerdings nichts; sie müsse das verstehen, denn damals habe man noch nicht digital gearbeitet und nach zwanzig Jahren würden Akten gemeinhin vernichtet. Natürlich werde man weiterhin versuchen, ihren Fall zu klären, aber viel Hoffnung habe man, so gab der Unterzeichner Nkosazanna Sisulu zu verstehen, leider nicht.

Was mag nur aus ihrer Tochter geworden sein? Ist sie damals überhaupt gut angekommen? – Wo ist sie groß geworden? – Wer hat sich um sie gekümmert?

Diese und unzählige andere Fragen stellte die Südafrikanerin sich immer wieder.

Manchmal dachte sie, dass es ein Fehler gewesen war, ihre Tochter an Bord eines Flugzeugs ins Ausland zu bringen. Natürlich hatte sie es aus guten Gründen getan, denn es war nicht im Traum daran zu denken gewesen, dass Nelson Mandela nur wenige Jahre später freigelassen werden würde. Und dass sich nach dessen Freilassung vieles, im Grunde genommen fast alles ändern würde in Südafrika, erschien damals auch den kühnsten Optimisten völlig undenkbar.

Die Verhaftungen von so vielen ihrer Freunde, das spurlose Verschwinden von politisch aktiven Menschen, die Not und die Perspektivlosigkeit der schwarzen Bevölkerungsmehrheit, all das zusammen war der Grund, weshalb sie ihre kleine Tochter in das Flugzeug bringen ließ.

Nkosazanna hatte selbst um ihre Freiheit gebangt. Wäre sie verhaftet worden, hätten die Behörden ihre Tochter in ein Heim für schwarze Kinder gebracht – und was dort aus ihr geworden wäre? Nein, da war es die bessere Entscheidung gewesen, sie nach Europa zu schicken.

Wohin die Reise gehen würde, konnte Nkosazanna nicht absehen. Hinzu kam, dass es für sie letztlich keinen Unterschied machte, denn über keines der Länder, in welche die Flugzeuge flogen, wusste sie sehr viel. Als Servicekraft am Flughafen hatte sie keine Zeit, sich darüber Gedanken zu machen. Vielmehr musste sie tagtäglich dafür sorgen, dass die Verpflegung für hunderte von Passagieren an Bord der Flugzeuge gebracht werden konnte. Meist rollten die Maschinen nur wenige Minuten nach der Anlieferung der Mahlzeiten auf das

Flugfeld und hoben kurz darauf ab. Später am Tag hatte Nkosazanna noch Flieger versorgt, die nach Warschau, Helsinki, London und Moskau aufbrachen. Dass es letztlich die Schweiz wurde, hing mit dem Flugplan zusammen. An diesem Tag versuchte sie es gleich bei der ersten sich ihr bietenden Gelegenheit – eine Maschine, die in der Schweiz zwischenlanden sollte. Letztlich war ihr klar, dass sie nicht mehr als einen Versuch haben würde, wenn überhaupt.

„Schmeckt es dir nicht?", riss ein Kollege sie aus ihren Gedanken.

„Ich verstehe einfach nicht, wieso es keinerlei Spuren von meiner Tochter gibt. Sie muss doch angekommen sein. Niemand hat etwas von einem Absturz gehört, und wenn man sie noch bei uns im Flugzeug entdeckt hätte, wäre ich doch sofort verhaftet worden", ließ sie ihren Sorgen freien Lauf.

Ihre Freunde auf dem Weingut kannten diese Stimmung nur zu gut. Seit Nkosazannas Sohn eine Tochter bekommen und seine Mutter somit zur Großmutter gemacht hatte, waren die Fragen nach ihrem ersten Kind wieder aufgetaucht. In dem Moment, als sie ihr Enkelkind zum ersten Mal auf dem Arm hatte, kam die Erinnerung zurück, stärker als jemals zuvor – und die Schreiben an die Schweizer Behörden waren ihre letzte Hoffnung gewesen.

Wahrscheinlich musste sie sich nun damit abfinden, dass sie nie wieder etwas von ihrer Tochter hören würde. Es erschien ihr wie ein letzter bitterer Triumph für die Apartheid, dass sie ihr Kind nie wiedersehen und umarmen dürfte.

Nur wenige Augenblicke später endete der den übrigen Anwesenden schier endlos erscheinende Monolog des Kellermeisters mit einem Verweis auf das populäre Bergarbeiterlied „Shosholoza!". Ja, man könne, wie es in dem Lied heißt, mutig weiter nach vorne schauen.* Mit den Worten „Auf eine goldene Zukunft" hob er dann das Glas und alle stießen darauf an.

„Auf eine goldene Zukunft!", das dachte auch Nkosazanna, ohne indes in diesem Moment an Wein zu denken.

34. Der nervige Besuch oder: „Ich glaub, es geht schon wieder los“

Nach dem Gespräch mit ihrem Vater rief Johanna Michael an, um ihn auf dem Laufenden zu halten: „Wenn ich schon einmal in der Schweiz bin, werde ich auch gleich den Beamten in der Hauptstadt den Laden aufmischen. Dann habe ich das Angenehme mit dem Nützlichen verbunden und bin ein erhebliches Stück weiter.“

Vom Vierwaldstätter See bis Bern brauchte Johanna am nächsten Morgen keine zwei Stunden und sie wusste genau, welche Adresse sie ansteuern musste. Wenngleich sie verstehen konnte, dass die Adoptionsbehörde damals sehr vorsichtig sein musste, um diplomatische Schwierigkeiten abzuwenden, wusste sie, dass sie mit diesem Beamten nicht gerade diplomatisch reden würde.

Diesen Pflücklinger würde sie zerpflücken, so viel stand fest!

„Wenn der Kerl mir nichts sagen will, spring ich ihm auf den Schreibtisch“, hatte Johanna noch mehr zu sich selbst als zu Michael gesagt.

„Das glaube ich dir aufs Wort – und alles andere würde mich bei dir auch arg wundern“, zeigte sich Michael wenig verwundert über Johannas Entschlossenheit. Was sich die Beamten da geleistet hatten, empfand auch er als eine Sauerei.

Nachdem sie die Parkverbotsschilder vor dem Gebäude der Behörde gekonnt ignoriert und die Drehtür passiert hatte, marschierte Johanna strammen Schrittes am verdutzten Pförtner vorbei.

„Wo wollen Sie denn hin?“, rief dieser ihr noch nach. Wo sie hinwollte, das wusste sie schon sehr genau.

„Ich muss den Pflücklinger zerpflücken“, antwortete Johanna – und schon war sie im Treppenhaus, durch welches sie mehr flog als ging, denn sie war schon oben angekommen, als der Pförtner noch am Telefon saß, um Herrn Pflücklinger vorzuwarnen.

Im Absender des Briefes hatte auch die Büronummer dieses Beamten gestanden und so stand sie nun in der Eingangstür, als in Herrn

Pflücklingers „Amtstasse" ein Kamillentee lautlos vor sich hin zog. Dass der Beamte diesen Tee zweifellos nicht würde genießen können, war ihm in dem Moment noch nicht vollständig klar, wenngleich er dumpfe Ahnungen hatte, denn der nahezu sprachlose Pförtner hatte ihn noch kurz vorwarnen können.

Dieser Tag hatte gut angefangen, es gab wenig Post zu bearbeiten und auch das Telefon blieb weitestgehend störungsfrei, sprich es störte Herrn Pflücklinger kaum.

Der Beamte, der im am Wohlensee gelegenen Wohlen bei Bern wohnte, sah sich noch 30 Minuten von dem ihn rettenden Feierabend entfernt und doch sollten es recht lange 30 Minuten für ihn werden. Als die kleine Frau in der Tür stand, sagte er zwar vernehmbar, aber sehr leise und letztlich doch mehr zu sich selbst die klassischen Worte, die seine Lage bestens beschrieben: „Durch diese hohle Gasse muss er kommen, nach Küssnacht führt kein anderer Weg!"

Zu Johanna gewandt, fragte er dann, was er für sie tun könne.

„Sie sind Herr Pflücklinger?", kam es von Johanna, mehr anklagend als fragend.

„So ist es. Und was kann ich für Sie tun?", machte Herr Pflücklinger, der zu seinem Verdruss jede Menge Unmut in den Augen seines Gegenübers erahnte, gutes Spiel zur bösen Miene. Er ahnte, dass keine angenehme Dampfplauderei auf ihn wartete.

„Ist dieses Schreiben von Ihnen?", eröffnete Johanna das Gespräch und knallte ihm den Brief auf den Schreibtisch, in dem sie mitgeteilt bekommen hatte, dass man ihr bei der Suche nach ihren leiblichen Eltern nicht würde helfen können.

Der Beamte zählte rasch die Fakten zusammen und erinnerte sich an die Schreiben aus Südafrika, die er ebenfalls abschlägig beschieden hatte: „Nun ja, die Briefe stammen, äh, scheinen wohl aus unserem Haus zu kommen", gab er der jungen Frau recht.

Im Verlauf der folgenden zehn Minuten waren dies dann auch die letzten Worte, die der Beamte von sich gab. Johanna teilte ihrem Gegenüber alle Informationen mit, die sie von ihrem Vater wusste. Auch wenn sie es nicht wissen konnte, ging sie doch fest davon aus, dass

Herr Pflücklinger dies alles ohnehin schon wusste. Letztlich war es auch genau so – nur, dass er dies nicht einfach mal so zugeben konnte.

„Ich möchte zu gerne mal Ihren Aktenschrank durchstöbern", beendete Johanna ihre Ausführungen.

„Das Schränkli bleibt zu", antwortete der aufgrund des langen Monologs noch leicht angeschlagene Beamte, der langsam wieder die Fassung gewann.

„Im Übrigen würden Sie dort auch nichts finden, denn erstens haben wir schon vor fünf Jahren auf digitale Aktenführung umgestellt und zweitens sind Dokumente, die älter als zwanzig Jahre sind, nicht eingescannt worden, sodass in Ihrem Falle nichts zu finden ist."

Ob das nun Folgende ein Akt der Verzweiflung, eine Folge von Johannas beeindruckender Forschheit oder was auch immer war, war auch dem Beamten lange nach seinen Äußerungen nicht recht klar.

„Ich habe jedoch mit einigen älteren Kollegen über Ihr Anliegen gesprochen. Dabei schlugen sie die Hände über dem Kopf zusammen und bekamen Schweißausbrüche. Es ist so, dass es in der Tat vor mehr als 25 Jahren die Einreise eines farbigen Mädchens gab, genauer gesagt, die Einreise eines Babys, in einem Flugzeug aus Südafrika. Die Kollegen wussten noch, dass es eine Pan-Am-Maschine war und dass das Baby in eine Decke eingewickelt war, auf der die Initialen ‚S' und ‚A' eingenäht waren, das war es dann aber auch."

„Gibt es diese Decke noch?", setzte Johanna unmittelbar nach, als sie von diesem Stück Stoff hörte.

„Ich bitte Sie, das Baby blieb natürlich in der Decke und wurde so ins Spital verbracht. Mir fehlt die Fantasie, ob es diese Decke noch gibt", entgegnete der Schweizer Beamte.

Wenngleich Johanna in diesem Moment dachte, dass Fantasie wohl nicht das Einzige wäre, was diesem Schweizer Beamten fehlen würde, ging zeitgleich eine ganz andere Tür bei ihr auf:

Indem er ihr die Initialen „S" und „A" verraten hatte, hatte Johanna jetzt auch vor Ort einen Ansatzpunkt für ihre Suche.

35. Northest Wine of Best Hemisphere oder: „Ranseler Dschingis Khan Michael"

Kaum hatte Johanna ihre Neuigkeiten aus Bern mit Michael besprochen, war dieser auch schon wieder mit Wein beschäftigt, diesmal allerdings mit einer Frage, die dem Weinbau im Allgemeinen und speziell im Rheingau die Grenzen aufzeigt.

Schon seit langer Zeit trafen sich die Absolventen seines Jahrgangs von der Weinbauschule zweimal jährlich zu einer Art Stammtisch. Da viele von ihnen aus den Anbaugebieten Rheingau und Rheinhessen kamen, blieben die meisten auch nach dem Studium in der Region, meist sogar auf dem elterlichen Betrieb, sodass sie keine weite Anreise zu den Treffen hatten.

Während sich Johanna in Bern den Pflücklinger gepflückt hatte, war bei dem Absolvententreffen ein ehemaliger Professor namens Bierschenk zu Gast, der sich vornehmlich mit Fragen des „Terroirs" beschäftigte. Mitgebracht hatte er ein Anliegen, das man durchaus als interessant bezeichnen konnte. Nach eingehender Diskussion in der Runde gab es allerdings auch einige Anwesende, die der Meinung waren, dass das Adjektiv „beknackt" eine ähnliche Berechtigung hätte.

Wie der Professor berichtete, hatte sich in Ransel eine Gruppe gebildet, die ein Landmuseum gründen wollte.* Der Verein wolle dort das traditionelle landwirtschaftliche und handwerkliche Arbeiten zum Beispiel mit Vorführungen anschaulich machen. Irgendjemand aus dem Verein sei nun auf die gnadenlose Idee gekommen, auch etwas zum Thema Weinbau zu machen. Zwar gebe es in Ransel keinen Weinbau, als Ortsteil von Lorch jedoch, gehöre man ja auch irgendwie zum Rheingau und zum Rheingau gehöre doch auch irgendwie der Weinbau.

Als gnadenlos ließ sich diese Idee vor allem deshalb bezeichnen, weil die Gemarkung von Ransel auf bis zu 450 Metern über dem Meeresspiegel und damit einige hundert Meter höher als die meisten

Rebflächen des Rheingaus liegt, bei denen es sich zudem – wie zum Beispiel in Lorch – um sonnenverwöhnte Steillagen handelt.

Da sie sich bei Weitem nicht so hoch vom Rhein erheben wie Ransel, profitieren sie vom angrenzenden Taunus, der die Kälte außen vor lässt und eine Art „Blockadefunktion" übernimmt. In der ungeschützten Lage von Ransel kann davon jedoch keine Rede sein. Die Böden rings um Ransel sind zwar nicht gerade von Permafrost betroffen, aber es friert hier doch in Jahreszeiten, in denen die Minusgrade den fast sicheren Rebentod zur Folge haben. Kurzum, hier oben gab es die denkbar schlechtesten Verhältnisse, um dort Weinstöcke zu setzen bzw. von diesen auch einen Ertrag zu erwarten, der ohne massenhaften Zusatz von Zucker und Geschmacksverstärkern genießbar sein könnte.

„Die Hansel aus Ransel haben wohl zu tief in unseren Riesling geschaut", meinte Schorsch aus Winkel.

„So eine beknackte Idee habe ich ja noch nie gehört", ergänzte ein Jungwinzer aus Hallgarten.

„Beim ersten Frost da oben fliegen denen die Trauben um die Ohren", sagte auch der frühere Jahrgangssprecher Martin und in diesem Ton ging es munter weiter.

Michael hörte sich das alles an und ließ es auf sich wirken.

„Ich hab mal gehört, dass auch in der Mongolei Wein wächst. Ob man das Zeug trinken kann, weiß ich ja nicht, aber es läuft wohl schon unter Wein", ließ er dann auch die anderen an seinen Gedanken Teil haben.

Nur wenige Nanosekunden später wechselte Professor Bierschenk wieder in den allen Anwesenden aus ihrer Studienzeit so bekannten Vortragsmodus.

„In der Tat werden auch in manchen höher gelegenen Regionen Weine hergestellt. Die Mongolei ist ein gutes Beispiel, aber so weit muss man gar nicht reisen. Auch im Wallis findet man hervorragende Weine. Sie verfügen naturbedingt über geringere Öchsle-Grade und werden gemeinhin als sehr herb bezeichnet."

„Echte Weintrinker bezeichnen sie als ungenießbar", unterbrach Kai aus Alzey, der schon immer die Ulknudel war, den Professor.

In diesem Ton ging es munter weiter und wäre es wohl auch den Rest des Abends, wenn nicht Michael erneut das Wort ergriffen hätte: „Bei diesem Permafrostboden sollte doch dort oben ganzjährig Eiswein machbar sein", witzelte auch er zunächst. „Aber mal ganz im Ernst: Ich fände es spannend, dieser Idee und den Leuten ein wenig auf die Sprünge zu helfen. Und mit mongolischem Wein habe ich bisher auch noch nie zu tun gehabt.

Nun mischte sich Kai wieder ein: „Vielleicht sollten wir die Lage ‚Ranseler Dschingis' nennen – bewirtschaftet von Khan Michael!"

„Ich denke, Sie, Kai, hatten heute doch schon ein wenig zu viel Wein", stellte Professor Bierschenk streng fest und alle Anwesenden fühlten sich sofort wieder in die Zeit ihrer Ausbildung zurückversetzt.

„Ich finde den Gedanken gar nicht so verkehrt und wir könnten diese Idee doch mit ein wenig Fachverstand unterstützen, schließlich haben die doch relativ wenig Erfahrung mit Weinbau."

Gesagt, getan – und schon meldeten sich zwei Jungwinzer, die den Ranselern auf die Sprünge helfen wollten; auch Michael war dabei.

Dass diese önologische Entwicklungshilfe noch einige Verwerfungen mit sich bringen würde, galt als ausgemacht. Dass es dann letztlich genau so kam und allen Beteiligten bei der eigentlich gar nicht gestellten Frage nach dem Ursprung des Essigs – viel attraktiver war das Ergebnis der weinbautechnischen Hilfestellungen beim besten Willen nicht zu bezeichnen – eine wesentliche Hilfestellung leisten würde, war da allerdings noch nicht absehbar.

Michael nahm sich gemeinsam mit einer Jungwinzerin aus Lorchhausen dieser recht ambitionierten Aufgabe an und half bei den ersten Schritten zur Anlage des „Weinbergs"; die Fläche so zu benennen, trifft es nicht ganz – genauer gesagt grenzte diese Bezeichnung innerhalb der Rheingauer Winzerwelt an eine önologische Blasphemie. Hintergrund war die perspektivische Perspektivlosigkeit dieses Unterfangens, hinzu kam dann noch die in gewisser Weise limitiert zu bezeichnende räumliche „Ausdehnung" der Rebfläche: Da es sich um exakt 17 Weinstöcke handelte, wäre auch der Begriff „Größe" im Zusammenhang mit dieser Fläche falsch gewählt. Selbst der Diminutiv „Weinhügel" hätte eine unzulässige Übertreibung bedeutet.

Wie auch immer: Friederike, die Jungwinzerin aus Lorchhausen, und Michael taten, was sie konnten. Gerade Friederike fand die Idee sehr reizvoll und als Jahrgangsbeste wollte sie auch hier erfolgreich sein; als jedoch nach dem ersten Wintereinbruch in der Höhengemeinde Ransel sowie einem Wildschweinbesuch nur noch elf Weinstöcke übrig blieben, wich dann auch beim letzten Ranseler Optimisten die Hoffnung auf eine Lese, die auch nur etwas halbwegs Erlesenes hervorbringen könnte.

Auch der Versuch, aus dem nicht unbedingt an einen Wein erinnernden Produkt der Trauben einen ordentlichen Schnaps zu brennen, scheiterte kläglich. Schließlich besann man sich darauf, dass es hier letztlich lediglich darum ginge, Land und Leute sowie die Besonderheiten der Region zu präsentieren.

Nicht zuletzt aus dieser Erwägung heraus ging es dann bei der Wahl des Lagenamens etwas rascher und entspannter zur Sache. Letztlich war man der Meinung, dass man die Besonderheit des speziellen Anbauortes schon irgendwie im Namen aufgreifen wolle.

Daher fanden die Winzer klare Worte – der „Ranseler Nordhang – von der Sonne verschont“ war geboren.

Der Vorsitzende des Ranseler Vereins fasste die Sache dann auch recht locker zusammen: „Letztlich geht es doch vor allem darum, die Kulturtechnik der Önologie in einer vom Weinbau geprägten Region zu präsentieren.“

Trinken müsse man das Zeug ja nun beim besten Willen nicht.

36. Die Vorbereitungen

„Dieser Pflücklinger ist ein Tüpflischisser und Schöggeler!", fluchte sie vor sich hin und brachte damit unmissverständlich zum Ausdruck, dass er für sie ein Zirpegigu sei.* In solchen Momenten glaubte Michael zu verstehen, warum die Schweiz weder Mitglied in der Europäischen Union noch in der NATO war: Mit jemandem, der solche Schimpfkanonaden loslassen kann, möchte man normalerweise so wenig wie möglich zu tun haben.

Auch ohne konkrete Übersetzung verstand Michael recht gut, dass Johannas Meinung über diesen Beamten eher weniger gut zu sein schien, seine bisherige Zeit mit Johanna hatte ihm geholfen, ein Gespür für schweizerische Beleidigungen zu entwickeln.

Mutig nach vorne schauen, das war Johannas Konsequenz aus dem Gespräch mit diesem Herrn Pflücklinger.

Nun ist es so, dass Südafrika nicht zu den Zwergstaaten dieser Welt gehört. Folgerichtig gehört es auch nicht zu den eher kleinen Ländern auf dem afrikanischen Kontinent. Mit der nicht gerade übersichtlichen Anzahl von gut 58 Millionen Menschen ausgestattet, die sich auf eine Fläche verteilen, die dreimal so groß wie Deutschland und nahezu dreißig Mal so groß wie die Schweiz ist, schien die Suche nach ihrer Familie eine unlösbare Aufgabe zu sein. Sekundenbruchteile später jedoch hatte Johanna wieder Mut gefasst: „Wir sollten einfach einen der in Frage kommenden Flughäfen heraussuchen und dann vor Ort die Suche starten. Mutig nach vorne! Und vielleicht lernst du auf der Reise ja auch für deine Arbeit etwas Neues kennen. Hast du nicht mal gesagt, dass es in Südafrika gute Weine gibt?"

Ja, das hatte Michael mal gesagt und deshalb antwortete er: „Es gibt in Südafrika sogar hervorragende Weine. Und vielleicht kann ich dabei ja auch noch etwas lernen. Auf diese Weise können wir zwei Fliegen mit einer Klappe schlagen." Allerdings fiel ihm ein, dass es so einfach ja nun auch wieder nicht war – schließlich wurde er auf dem Weingut gebraucht. Eine Auszeit von zwei Wochen – wie in Australien – war schon schwer zu organisieren, je nach Jahreszeit aber durchaus machbar, eine Auszeit von über einem Monat dagegen war an sich nicht vorstellbar.

Das tat Johannas Aufbruchstimmung keinen Abbruch. Sie hatte schon erste Erkundigungen nach den Fluggesellschaften eingeholt. Da gab es schon einige. Pan Am jedoch schied zu Johannas Bedauern leider aus, weil es die altehrwürdige Flotte ja nicht mehr gab.

Dennoch war Johanna zuversichtlich, gab es doch zahlreiche Direktflüge, sodass zumindest der erste Teil der Reise unkompliziert verlaufen würde – das jedenfalls meinte sie in ihrem juvenilen Leichtsinn. Dass die Götter der Luft, in diesem Falle allerdings eher das Bodenpersonal der fliegenden Flotten, das Ganze bremsten, lag jedoch weniger an ihnen als an Michael. Genauer gesagt an Michaels Reisepass und noch genauer gesagt, an Michaels fehlendem Reisepass.

In Australien hatte er ihn noch dabei gehabt, doch nun war er unauffindbar und so ging es halt nicht ganz so rasch. Das kam Michael durchaus gelegen, musste er doch seine Abwesenheit vom Weingut ohnehin erst noch organisieren. Glücklicherweise war der vor ihnen liegende August im Weingut eine relativ ruhige Zeit, bevor man so langsam die Vorbereitungen für die Lese treffen musste. Das allerdings sollte Nepomuk recht gut allein hinbekommen. Er war ja schließlich auch nicht erst seit gestern im Weingeschäft tätig und würde auch bei der Rheingauer Weinwoche, die im August in Wiesbaden stattfand, ein würdiger Vertreter sein.

Als eines schönen Sommertages der Reisepass wieder auftauchte, machten sich Johanna und Michael auf den Weg nach Frankfurt, um sich am dortigen Flughafen auf den Weg nach Südafrika zu machen. Das Gespräch in Bern hatte Johanna also ganz offenbar zu einem schnellen Abflug beflügelt, während die Reaktion von Herrn Pflücklinger eher mit einem Absturz zu vergleichen war: Unmittelbar nach der Begegnung mit Johanna rutschte er in einen vierwöchigen stressbedingten Krankheitsausfall, der von einer zweiwöchigen Verlängerung des Krankenstandes abgelöst wurde. Und auch danach kam es immer wieder zu Schweißausbrüchen, wenn er während der Brühzeit seines Kamillentees Besuch bekam.

37. „Allesverloren“

Während in ihrem Weingut in den kommenden Wochen überflüssige und nicht gereifte Trauben herausgeschnitten werden mussten, um die Qualität der anderen Trauben bis zur Lese zu optimieren, ging Michael davon aus, dass das erdkugelbedingt in Südafrika ein wenig anders aussehen müsste. Da südlich des Äquators zwar nicht alles auf dem Kopf steht, wohl aber vieles in Bezug auf die Jahreszeiten diametral anders verläuft als im Norden, war es hier in der Weinbranche eben nicht die etwas ruhigere Phase unmittelbar vor der nächsten Weinlese, sondern die Winterzeit, in der mit dem Rückschnitt der Reben der Grundstein für den nächsten Jahrgang gelegt wurde.

Wenn dort im Februar und März gelesen wurde, dann müssten, so Michaels Einschätzung, seine südafrikanischen Winzerkollegen die anstrengende Zeit schon hinter sich haben, in der der Wein im Keller vor sich hin gärt, mit allerlei netten Aromen Bekanntschaft schließt und sich zu einem netten Begleiter schöner Abende entwickelt.

Vielleicht würde er aber noch dabei sein können, wenn die Weine daran anschließend „auf die Flasche gezogen“ werden, wie es bei den Winzern genannt wird. Aber wenn sie Pech hatten, würden diese Arbeiten schon beendet sein.

Da das Weingut „Allesverloren“ in diesem Jahr – wie eigentlich in den letzten 123 Jahren auch – eine große Nachfrage insbesondere aus dem Ausland hatte, gab es jede Menge zu tun.

Die frühen Sorten waren nun bereits fünf Monate in den Tanks und Fässern gereift, sodass sie abgefüllt werden konnten und die entsprechenden Anlagen nur so brummten. Für Nkosazanna Sisulu begann also gerade die „Hauptsaison“. Sie war im Vertrieb tätig und hatte die Bestellungen abzuarbeiten. Aus der Verwaltung erhielt sie die Etiketten mit den Adressen der Kunden und die Lieferscheine, die sie für die Konfektionierung brauchte. Immer wieder sah sie die Etiketten mit Anschriften aus aller Herren Länder. Europa war recht häufig vertreten und noch in dieser Woche hatte sie zwei Bestellungen aus der Schweiz gehabt.

Die Schweiz: Sie konnte und wollte sich nicht damit abfinden, dass es keinerlei Spuren ihrer Tochter gab, die sie vor 27 Jahren in ein Flugzeug Richtung Schweiz hatte setzen lassen, in der Hoffnung, dass diese – anstatt in der Heimat als „minderwertig“ abgestempelt und ausgegrenzt zu werden – ein besseres Leben haben würde. Daran hätte auch die Anwesenheit des Vaters, der sie jedoch schon vor der Geburt verlassen hatte, nichts geändert. Die Lage war einfach hoffnungslos. Es gab keine Freiheit und es gab auch keine beruflichen Perspektiven.

Nach dem Ende der Apartheid hatte sie ihre Tätigkeit im Flughafen beendet und in einem Weingut angefangen. Der Name „Allesverloren“ schien ihr durchaus passend und doch hatte sie hier ihre Chance bekommen. Im Laufe der Jahre hatte sie sich hochgearbeitet und mittlerweile war sie für den Vertrieb verantwortlich, sogar Verhandlungen über Lieferverträge gehörten zu ihren Aufgaben.

Was wohl aus ihrem Mädchen geworden war? Hätte sie es hierbehalten sollen? 27 lange Jahre waren Mutter und Tochter nun schon getrennt – und Nkosazanna sah keine Möglichkeit mehr, dies jemals zu ändern.

Vor zwei Monaten erst hatte man den „Eiswein“ gelesen, der wie immer eine Offenbarung gewesen war und hervorragende Öchslegrade erreicht hatte.

In diesen arbeitsreichen Zeiten ging es Nkosazanna relativ gut. Sie dachte nicht so viel an früher.

Es war gut gewesen, aus Kapstadt wegzugehen. Es war gut, hier nach Swartland zu gehen. Es war gut gewesen, einen Neuanfang zu wagen.

„Woanders ist es auch schön“, dachte sie bei sich, wenn sie an ihren Neuanfang dachte.

„Wahrscheinlich ist es sogar besser“, beendete sie ihre Gedanken und machte sich wieder an die Arbeit.

38. Big Five oder: Woanders is auch schee

Je länger Michael während der Wartezeiten am Frankfurter Flughafen darüber nachdachte, desto aussichtsloser erschien ihm ihr Unterfangen. Der Realist in ihm sagte, dass Afrika schon ein ziemlich großer Kontinent war und auch die Beschränkung auf das südlichste Land dieses Erdteils brachte seiner Meinung nach nicht die entscheidende Wende zum Erfolg der Suche.

Der Pragmatiker in Michael sah es jedoch so, dass er nach Australien nun einen weiteren Kontinent kennenlernen könnte.

Und der Winzer in Michael sagte ihm, dass eine Region mit einer sehr alten Weintradition für ihn von besonderem Reiz sein dürfte.

Letztlich war da aber auch noch Johannas Freund in ihm und der hoffte trotz aller mehr als berechtigten Skepsis natürlich inständig, dass Johannas Suche erfolgreich sein würde.

„Ich freue mich auf die Reise. Vielleicht finden wir ja heraus, was mit deinen Eltern ist“, meinte Michael.

„Ich bin mir sicher, dass wir da unten weiterkommen“, antwortete Johanna, die vollends vom Erfolg ihrer Reise überzeugt war.

„Na ja, selbst, wenn das nicht klappt: Woanders is auch schee“, sagte Michael mehr zu sich selber als zu Johanna.

Immerhin fing die Suche ja nicht bei null an – so viel stand fest, denn Herr Pflücklinger hatte ja bei Gesprächen mit Pensionisten seines Amtes in Erfahrung bringen können, dass es eine Decke mit den eingestickten Initialen „S“ und „A“ gegeben haben muss.

„Vom Flughafen Zürich habe ich erfahren, dass es damals mit Südafrika zwei Direktverbindungen gab: die eine mit Johannisburg und die andere mit Kapstadt. Wohin sollen wir das Ticket buchen?“, wollte Johanna von Michael wissen.

„Wenn ich es richtig sehe, liegt die Wahrscheinlichkeit, dass das Flugzeug, mit dem du damals gekommen bist, von einem dieser beiden Flughäfen kam, jeweils bei 50 Prozent. Und wenn es egal ist, wo wir anfangen, würde ich mich für Kapstadt entscheiden. So können wir – wenn sich die Gelegenheit bietet – vielleicht auch mal eines der bekanntesten Weingüter Südafrikas besuchen“, meinte Michael, in dem mal wieder der Pragmatiker gesiegt hatte.

Dabei hatte er, selbst wenn die Intention der Reise nach Südafrika eine ganz andere war, gleich wunderschöne Bilder einiger Weingüter in Südafrika im Kopf. Er freute sich darauf, nach seinem Ausflug zur Australian Riesling Challenge jetzt eine zweite gute und traditionsreiche Weinlandschaft kennenzulernen. Und als Öko-Winzer freute er sich schon auf eine Besonderheit im Weingut Vergenoegd bei Stellenbosch.

An einem Winzerstammtisch hatte er nämlich erfahren, dass dort Indische Laufenten die Arbeit von Pestiziden übernehmen. Die Enten werden zweimal täglich durch die Weinberge gejagt und fressen die dort anzutreffenden Schnecken und Käfer. Sogar Videos, die die Laufenten bei der „Arbeit“ zeigen, hatte Michael im Internet gefunden. Aber die Tierchen waren natürlich nicht das Einzige, was Michael sich dort genauer ansehen wollte.

Noch am gleichen Tag buchte Johanna zwei Flüge nach Kapstadt. Und da Johanna um einiges optimistischer in Bezug auf die Suche nach ihren Wurzeln war, wählte sie nur für Michael einen normalen Hin- und Rückflug; für sich buchte sie ein Open-Return-Ticket.

39. Wer kann helfen? Oder: „Help!“

Nkosazanna Sisulus Arbeitstag fing mit einer unliebsamen Überraschung an. Kaum im Weingut angekommen, stellte sie fest, dass heute einige Leute krank waren und somit nicht zur Arbeit kamen. An solchen Tagen musste die Arbeit halt etwas anders verteilt werden und manches blieb dann halt liegen.

„Was soll's?“, sagte sie sich. „Dann komm ich halt etwas später dazu, die neu eingegangenen Bestellungen abzuarbeiten.“

Oft gab es waschkörbeweise Bestellungen aus Europa; dies hing dann meist mit Fernsehsendungen über das Weingut zusammen: Der Name „Allesverloren“ war wohl für jeden zweiten Fernsehsender eine Steilvorlage, über ihr Weingut zu berichten.

Den Ausstrahlungstermin der jeweiligen Sendungen konnte Nkosazanna dann anhand der nachfolgenden Bestellungsflut recht genau datieren: Er lag meist eine gute Woche vor den vielen Bestellungen.

Vor wenigen Tagen gab es wieder einmal zahlreiche Bestellungen aus Europa. Der Grund müssen wohl die Aufnahmen gewesen sein, die ein Team aus der Schweiz vor etwa einem halben Jahr hier gemacht hatte, wobei sie sich einmal mehr schmerzhaft ihrer Tochter erinnerte.

Natürlich hatte sie sich überlegt, die Fernsehleute anzusprechen. Doch was hätte sie ihnen erzählen sollen – und was hätte sie die Männer fragen können? Ob sie von einem Baby wüssten, dass vor über 25 Jahren per Flugzeug aus Südafrika in die Schweiz gekommen war?

Nein, wenn selbst die zuständigen Behörden keine Ahnung hatten, was aus dem Kind geworden und wo es geblieben war, dann schien die Sache aussichtslos und Nkosazanna begann sich damit abzufinden; zumindest so weit, wie eine Mutter sich damit abfinden kann, dass ihr Kind verschwunden ist: Die Hoffnung stirbt zuletzt und so war es auch bei ihr; aber sie wusste nicht, was sie noch hätte tun können.

40. Die Rückkehr oder: „Über den Wolken“

Der knapp zwölfstündige Flug von Frankfurt nach Kapstadt war für Johanna natürlich etwas ganz Besonderes. Schließlich hatte sie diese Distanz vor ungefähr 27 Jahren schon einmal in umgekehrter Richtung zurückgelegt, ohne dass sie sich freilich an irgendetwas, geschweige denn an den Flughafen, von dem sie in Südafrika gestartet war, erinnern konnte. Damals hatte sie noch keine Fragen stellen können und heute war sie voller Fragen – Fragen, die sie seit einiger Zeit zunehmend beschäftigten – und Fragen, auf die sie bisher fast keine Antworten, in jedem Falle aber zu wenige Antworten, erhalten hatte.

Damals war sie alleine gewesen, wenn man einmal von der Stewardess absieht, der sie anvertraut worden war. Heute hatte sie mit Michael jemanden an ihrer Seite, dem sie vertrauen konnte und der zu ihr stand, um sie bei ihrer schwierigen Suche zu unterstützen.

Auch war es das erste Mal, dass sie Europa verlassen würde. Besonders gespannt war sie darauf, in Südafrika zu erleben, dass Menschen ihrer Hautfarbe in der Mehrzahl waren und es, anders als hier, keine Besonderheit war, jemanden mit dunkler Hautfarbe zu treffen.

Natürlich waren die meisten Menschen in der Schweiz oder in Deutschland nicht fremdenfeindlich im engeren Sinne. Aber sehr häufig beschlich Johanna das komische Gefühl, dass Leuten der sprichwörtliche „Kitt aus der Brille“ fiel, wenn sie in lupenreinem Deutsch oder mit dem, was deutschsprachige Schweizer für lupenreines Deutsch hielten, redete. Da schwang dann immer ein Stück „Woher können Sie denn so gut Deutsch?“ mit. Nicht anders erging es ihr, wenn jemand sie fragte, woher sie komme – die Antwort Schweiz hinterließ die meisten Gesprächspartner dann ratlos und oft kam dann noch eine Nachfrage: „Ja, aber doch nicht wirklich – Sie sind doch schwarz!“

Auch Aussagen von fragwürdigen Gestalten, dass sie und viele andere Menschen nicht neben dunkelhäutigen Fußballspielern wohnen wollten, sorgten für ein ungutes Gefühl.

Diese Gedanken – und die genannten waren nur einige von den Fragen, die sie bewegten – sorgten bei Johanna für einen Stimmungscocktail, der ihre Magengrube in eine Achterbahn verwandelte.

Dazu kam dann auch noch, dass ihr Afrikaans ungefähr so gut war wie das chinesische Mandarin der meisten Mitteleuropäer, sodass sie hoffte, mit ihren recht guten Englischkenntnissen einigermaßen durchzukommen.

Sprachlich würde er ihr nicht helfen können, das wusste Michael schon sehr genau. Aber er fühlte, dass Johanna aktuell die wichtigste Phase in ihrem Leben bevorstand. Er selber hatte Streit mit seinen Eltern und war mit dem Umzug in den Rheingau ganz bewusst einen Weg gegangen, der zumindest räumlichen Abstand brachte. Dieser Abstand jedoch war selbst gewählt und letztlich mit Hilfe einer Fähre in gerade einmal zwanzig Minuten überwindbar.

Dass dies bei Johanna gänzlich anders war, hatte er nach Johannas Ankunft auf dem Weingut seiner Eltern erfahren. Wie kompliziert die Situation tatsächlich war, wurde ihm bewusst, als Johanna im Rheingau immer öfter an ihre eigentliche Heimat denken musste. Keine Frage: Er musste ihr zur Seite stehen.

„Hier ist Kapitän Schneidewind", meldete sich plötzlich eine Stimme aus den Lautsprechern, als sie gerade den Kongo überflogen, wie Johanna auf dem Display mit der Flugroute erkennen konnte. „Aktuell haben wir ein heftiges Gewitter und starke Turbulenzen vor uns."

Ja, Turbulenzen hatte Johanna in der letzten Zeit einige erlebt und die eine oder andere nicht flugbedingte Turbulenz lag noch vor ihr, wie sie vermutete. Aber sie spürte, dass die Entscheidung, die Suche nach ihren Wurzeln direkt in Südafrika fortzusetzen, richtig war. Die Turbulenzen, zumindest die flugbedingten, waren rasch überwunden und es dauerte nicht mehr lange, bis ihr planmäßiger Sinkflug auf die schöne Stadt am Kap begann – und mit dem Ende des Fluges fing Johannas Suche, die Suche ihres Lebens, eigentlich erst richtig an.

Für die ersten Tage hatten sie sich ein preiswertes Hotel gesucht, denn es war ja auch nicht im Ansatz erkennbar, wie viel Geld sie letztlich brauchen würden. In den ersten Tagen würden sie in Kapstadt bleiben und ab dem fünften Tag hatten sie schon von Deutschland aus ein Auto gemietet.

Während sie in den ersten beiden Tagen versuchten, sich ein wenig einzuleben und Südafrika zu „verstehen“, wollte Johanna am dritten Tag mit der eigentlichen Suche beginnen. Dafür hatte sie im Vorfeld einige Ideen entwickelt, aber erst hier in Südafrika wurde ihr wirklich klar, wie aussichtslos ihre Bemühungen sein würden.

Immerhin gab es da die beiden Buchstaben auf ihrer Baby-Decke. Allerdings schwand Johannas damit verbundene Hoffnung rasch und rapide, nachdem sie mit einem Vertreter des Roten Kreuzes gesprochen hatte.

„Natürlich könnten ‚S.‘ und ‚A.‘ die Initialen einer Person sein“, hatte er zwar ausgesprochen, was Johanna immer hoffte, seit sie von dieser Decke gehört hatte. „Viel wahrscheinlicher ist es aber doch wohl, dass sie für Südafrika stehen. Aber selbst wenn es sich um die Initialen eines Elternteils von Ihnen handeln würde: Wissen Sie, wie viele Menschen es mit dieser Buchstabenkombination gibt?“

Diese Frage traf Johanna mit der Härte einer Rechts-Links-Kombination eines Boxers vom Schlage Muhammad Alis. Doch es sollte noch schlimmer kommen. So ergänzte der freundliche Mann von der südafrikanischen Hilfsorganisation, dass das südafrikanische Meldewesen an sich zwar sehr penibel geführt worden sei, aber nur für die Weißen. Für die schwarze Bevölkerungsmehrheit habe es dagegen kein lückenlos funktionierendes Meldewesen gegeben.

Spätestens diese Auskunft sorgte bei Johanna für massive Zweifel am Sinn und an den Erfolgschancen ihrer Suche. Wenngleich Michael Ähnliches befürchtet hatte, war er so taktvoll gewesen, dies nie anzudeuten oder gar auszusprechen. Er wollte verhindern, dass seine Einschätzung den Elan von Johanna bremsen oder sie gar zur Aufgabe ihrer Suche verleiten würde.

Um die Situation etwas aufzulockern, schlug er daher vor, dass man doch zunächst einmal seinen Wunsch nach dem Besuch eines Weingutes umsetzen solle. Das weitere Vorgehen könne man sich ja dort in aller Ruhe überlegen.

41. Wirklich alles verloren?

Bis in die für den Weinbau berühmte Provinz Western Cape waren es von Kapstadt aus gerade einmal 90 Kilometer in nordöstlicher Richtung, keine große Entfernung, aber doch für Johanna zunächst ein sehr großer Umbruch. Nur langsam realisierte sie, dass ihre Reise wohl doch von zu großem Optimismus geleitet worden war – und dass Michael nur ihr zuliebe mit seiner Skepsis hinterm Berg gehalten hatte. Nachdem das eigentliche Ziel ihrer Reise nun nicht mehr zu erreichen schien, versuchte Johanna sich auf Michaels Pläne einzustellen.

Michael hatte sich drei große Weingüter herausgesucht, die ihm reizvoll erschienen: „Allesverloren“ war ein altes und recht angesehenes Weingut, aber auch „Winkelshoek“ und „Kloovenburg“ waren keine Unbekannten in der Welt des Weines.

Grundsätzlich hatten südafrikanische Weine einen guten Ruf. Einige der Weingüter gab es schon seit Jahrhunderten – und obwohl sie viele tausend Kilometer vom Rheingau entfernt lagen, hatten sie zum Teil vertraut klingende Namen. Das war ein Erbe der Buren, die jahrhundertelang Südafrika beherrscht hatten.

Die drei von Michael favorisierten Weingüter lagen in der knapp 3.700 Quadratkilometer großen Region Swartland im Westen der Provinz Western Cape. Der Name der Region – in wörtlicher Übersetzung aus dem Afrikaans „das schwarze Land“ – sagt dann auch schon einiges über die Besonderheiten des südafrikanischen Weinbaus. Anders jedoch als man zunächst meinen mag, denn es geht um die schwarze Farbe der Landschaft in den heißen Sommermonaten und nicht um die Hautfarbe der hier lebenden Menschen.

„Wohin sollen wir zuerst fahren?“, wollte Michael von Johanna wissen, denn letztlich hatten sie die Reise ja geplant, um ihre Familie zu finden – und daher sollte Johanna auch die Entscheidungen treffen.

„Egal. Ich glaub’, es ist eh alles verloren“, antwortete Johanna nur, hatte sie doch große Mühe, in all dem hier einen Sinn zu sehen und fand ihn einfach nicht.

Um Johannas drückende Stimmung nicht noch weiter zu vertiefen, bemühte Michael sich, Optimismus zu zeigen. Die Wahl des Weingutes „Allesverloren“ schied aus seiner Sicht wegen des negativ klingenden Namens eigentlich aus.

„Wirklich alles verloren?“, fragte er deshalb etwas unsicher noch einmal bei Johanna nach. Da er keine weitere Antwort mehr bekam, bereitete er alles für die nächste Etappe vor. Er rief im Weingut „Allesverloren“ an und bestellte im dortigen Gästehaus ein Doppelzimmer für zwei Nächte.

In zwei Tagen sollten sie das Wichtigste gesehen haben und Johanna könnte in Ruhe überlegen, wie sie weiter vorgehen wolle.

Die Anreise in das alte Weingut gestaltete sich recht unkompliziert. Natürlich sind die Straßen in Südafrika nicht ganz so ausgebaut, wie man es aus Deutschland kennt. Zu Beginn kamen sie auf der Nationalstraße 7 bestens voran. Auf dieser autobahnähnlichen Strecke hatten sie rasch das Umland von Kapstadt verlassen. Je näher sie jedoch dem „Allesverloren“ kamen, desto schlechter wurden die Straßen.

„Welch ein Anblick!“, kommentierte Michael, als sie endlich ankamen.

Für einen kurzen Moment war auch Johanna völlig begeistert, doch dann kam wieder ihre Traurigkeit durch.

Sie bezogen ein wunderschönes Doppelzimmer mit Blick auf die Weinberge. Wenngleich Michael derartige Ausblicke gewohnt war, war dies hier schon etwas Besonderes.

„Inmitten eines Weinberges und ich muss nicht arbeiten“, flachste er und freute sich dennoch – oder gerade deswegen – auf den Austausch mit seinen Berufskollegen.

„Da wäre ich mir an deiner Stelle nicht so sicher“, entgegnete Johanna, „ich bin mir nämlich keineswegs sicher, ob du es tatsächlich schaffst, nur zuzuschauen und keine Hand anzulegen.

Da es schon früher Abend war, begnügten sie sich damit, mit offenen Augen durch das Weingut zu gehen. Zeit für konkrete Gespräche würde sich auch noch am folgenden Tag finden.

Nach dem Frühstück am nächsten Morgen bekamen sie eine Mitarbeiterin zugeteilt, die sie über das Weingut führte.

Manches von dem, was diese ihnen erläuterte, hatte Michael schon im Vorfeld gegoogelt und den Ausschlag gegeben, hierherzukommen.

Nach einigen Stunden fuhren Michael und Johanna mit ihrem gemieteten Jeep in einige der Außenanlagen, die ihnen beschrieben worden waren. Sie boten eine fantastische Aussicht: Im Hintergrund das Gebirge mit sehr hohen Ausläufern und davor Weinberge, so weit das Auge reichte.

Johanna und Michael nahmen sich viel Zeit, und als sie schließlich zurückgekehrt waren, setzten sie sich auf die Terrasse und genossen den schönen und warmen Abend mit mittlerweile erträglichen Temperaturen.

Am nächsten Morgen gab es eine kleine Überraschung, denn mit Fumbani Tutu wurde ihnen ein anderer Gästeführer vorgestellt, als ihnen bei der Ankunft angekündigt worden war.

Seine Kollegin Nkosazanna Sisulu habe wegen eines großen Kundenauftrags heute zu Verhandlungen ins Kumpanski-Hotel nach Kapstadt fahren müssen. „Ich soll mich in ihrem Namen außerdem bei Ihnen entschuldigen“, fügte er hinzu, „dass sie sich wohl auch heute Abend nicht um sie kümmern kann. Sie wohnt ja nicht hier auf dem Gut. Aber morgen früh werdet ihr Nkosazanna bestimmt noch kennenlernen, da muss sie bei einer Besprechung auf dem Gut unbedingt dabei sein. Und wie ich sie kenne, wird sie es sich nehmen lassen, euch trotz ihrer vielen Verpflichtungen noch das ein oder andere zu zeigen.“

„Haben die Frauen es hier sehr schwer?“, wollte Johanna wissen.

„Nun ja, sicher nicht so einfach wie bei euch in Deutschland“, erläuterte Fumbani. „Bei Nkosazanna kommt erschwerend hinzu, dass sie ein ungelöstes Problem mit sich durchs Leben trägt. Ich habe großen Respekt davor, wie sie es trotzdem schafft, immer wieder nach vorne zu schauen.“

„Was ist denn ihr Problem?“, war es jetzt an Michael, einzuhaken.

„Sie hat vor mehr als 25 Jahren ein Kind bekommen. Der Vater hatte sie schon vor der Geburt verlassen, trotzdem wollte sie das Kind bekommen. Es wurde ein Mädchen, und als das Baby fast ein

Jahr alt war, hat Nkosazanna das Baby in ein Flugzeug nach Europa gesetzt – illegal natürlich. Sie arbeitete damals am Flughafen und konnte es so unbemerkt an Bord schmuggeln."

Das war zu viel des Guten für Johanna, die gleichzeitig merkte, wie ihr die Beine schwach wurden, der Blutdruck kollabierte und Schweißausbrüche begannen.

Michael hatte zwar genau zugehört, konnte aber aufgrund seiner mangelnden Englischkenntnisse nicht alles verstehen. Als er aber die Worte „daughter", „airplane" und „Switzerland" verstand, war er sofort zur Stelle, als Johanna in sich zusammensackte und von den beiden ins Krankenzimmer des Weinguts getragen wurde, in dem man sie auf eine Liege bettete.

42. Deal or no Deal

Nkosazanna Sisulu war schon früh aufgebrochen, denn der Berufsverkehr in Kapstadt war unberechenbar und bei Kundengesprächen wollte sie immer besonders pünktlich sein. Es ging um eine gehobene europäische Hotelkette, die neue Weine in ihren Restaurants anbieten wollte. Um ihren Gästen etwas Besonders bieten zu können, wollte sie australische und auch südafrikanische Weine in ihr Angebot aufnehmen.

Der für die Restaurants verantwortliche Manager hatte sich höchstpersönlich auf die Reise gemacht – und er war es jetzt auch, den Nkosazanna treffen würde.

Zwar wollte man sich erst mittags treffen, aber Nkosazannas Weingut hatte in Kapstadt jede Menge Kunden und so nutzte sie den Vormittag, um diese zu beliefern.

Das anschließende Gespräch im Hotel des Managers verlief gut, die Weinprobe war erfolgreich und nun begann der schwierigere Teil der Verhandlungen – es ging um den Preis.

Natürlich versuchte der Manager, diesen zu drücken.

„Nkosazanna, der Wein ist in der Tat gut, der Merlot und der Shiraz haben das gewisse Etwas“, begann er, um sogleich mit dem Drücken anzufangen, „aber es gibt nun einmal viele Weingüter in Südafrika.“

„Keine Frage, es gibt sogar sehr viele Weingüter in Südafrika, aber es gibt keines mit einer solchen Qualität und einem solchen Ruf“, nahm Nkosazanna ihm gleich den Wind aus den Segeln. Und setzte gleich nach:

„Deal or no Deal, Mr. Ackermann?“

43. Meine Mutter

Als Johanna wieder zu sich kam, konnte sie kaum glauben, was sie wenige Momente vor ihrem Multifunktionsversagen gehört hatte. „Doch, es ist wirklich so, wie ich gesagt habe“, bestätigte Fumbani seine zuvor gemachten Angaben.

„Es sieht so aus, dass unsere Reise doch erfolgreich war“, folgerte Michael in seiner gewohnt trocken pointierten Art.

„Nkosazanna Sisulu?“, fragte Johanna ungläubig. Sie konnte das alles nicht fassen, es war alles zu viel für die kleine südafrikanische, deutsche Schweizerin oder wie auch immer.

„Ja, sie arbeitet seit über zwanzig Jahren hier, jeder kennt ihre Geschichte, ihre Suche, ihre Trauer.“ Vor wenigen Monaten habe sie noch Kontakt mit Behörden in Europa gehabt, aber dort hätte man ihr nur sagen können, dass keine Hoffnung bestehe, ihre Tochter jemals zu finden. Man habe ihr bedeutet, dass die Adoptiveltern anonym geblieben seien.“ Während er dies sagte, rechnete er plötzlich die Fakten zusammen und dann fiel es ihm wie Schuppen von den Augen.

Die junge Frau hier war Ende zwanzig, die junge Frau hier war aus Europa und die junge Frau hier war schwarz. Kein beliebiges Braun, sondern ein Schwarz, wie auch er selber und Nkosazanna es als Hautfarbe hatten.

„Genau diese Suche ist der Grund für meinen Besuch hier“, sagte Johanna, die sich langsam wieder erholte, um dann in einem steten Wechselbad der Gefühle zu verbleiben.

„Ihre Mutter“, folgerte Fumbani.

„Deine Mutter“, meinte Michael.

„Meine Mutter“, sagte Johanna, zwar wahrnehmbar, aber doch mehr zu sich selber.

Unmittelbar darauf merkte sie nur, wie erneut ihre Beine schwach wurden. Gut, dass sie dieses Mal noch auf der Liege lag.

44. Der Basar

Nkosazanna ärgerte sich über sich selbst. Sie hatte das Ladegerät ihre Handys vergessen und so saß sie nun mit leerem Akku inmitten einer schwierigen Verhandlung. Herr Ackermann war nicht nur Vorstandsmitglied einer großen europäischen Hotelkette und verantwortlich für die Hotelrestauration, sondern auch ein hoch gewachsener Schweizer und eine harte Nuss. Zwar stellte er die Qualität der Weine nicht in Frage, wollte aber weiter den Preis nach unten drücken.

„Bis hierher und nicht weiter", sagte sie schließlich. „Unsere Weine sind Spitzenweine und wir haben keine Probleme, zahlungskräftige Kunden zu finden. Ich sitze lediglich hier, weil die Lese in diesem Jahr wirklich außergewöhnlich gut war und wir nur deshalb noch offene Kapazitäten haben", fuhr sie fort. „Als Sie vor zwei Jahren schon einmal nachgefragt haben, sah die Situation anders aus. Unsere mittelfristigen Verträge hätten keine langfristige Zusammenarbeit erlaubt."

Dass im nächsten Jahr einige Lieferverträge ausliefen, hatte sie ihm schon vorher gesagt, sodass die Gelegenheit günstig war, die Weine ein Jahr lang in den Hotels zu testen und bei guten Rückmeldungen auch eine dauerhafte Geschäftsbeziehung aufzubauen.

„Dann vereinbaren wir einen Kontrakt, der für das erste Jahr einen etwas weniger hohen Preis beinhaltet. Und wenn wir beide dann zufrieden sind, erweitern wir den Umfang unserer Zusammenarbeit, und zwar zu verbesserten Bedingungen, sprich einem höheren Preis für das Weingut", fasste Herr Ackermann irgendwann die Überlegungen beider Seiten zusammen.

Nachdem die Verhandlungen beendet waren, hatte Nkozazanna einen sehr langen und harten Tag hinter sich.

45. Der Shiraz

Fumbani hatte unterdessen mehrmals versucht, Nkozazanna zu erreichen. Wenn sie in wichtigen Gesprächen oder Verhandlungen über größere Verträge war, schaltete sie immer ihr Handy ab. Spontan war sie aktuell nicht erreichbar; das war für ihn also nichts Ungewöhnliches. Ungewöhnlich war jedoch, dass sich dies heute nicht mehr zu ändern schien. Natürlich war auch sein Handy-Akku gelegentlich mal leer, das passiert einfach mal. Auch Nkozazanna war das schon einige Male geschehen.

Ausgerechnet heute war das jedoch verheerend. Seit so vielen Jahren musste sie auf diesen Tag gewartet haben und nun konnte er sie nicht erreichen, um ihr die Nachricht zu übermitteln.

Aus diesem Grunde schlich er irgendwann zu Johanna und Michael.

„Ich fürchte, ich kann sie heute nicht mehr erreichen“, rückte er mit der unangenehmen Information heraus.

„Sie hat doch ein Handy und sie ist im Kumpanski, wie Sie uns sagten. Da müsste sie doch wenigstens über das Hotel erreichbar sein“, hakte Johanna ein, die mittlerweile wieder halbwegs bei sich war.

„Nun ja, das würde voraussetzen, dass sie noch im Hotel ist; aber genau das scheint nicht der Fall zu sein. Sie hat ja auch noch ein paar andere Kunden, die sie heute beliefert. Ich kann noch nicht einmal sagen, ob sie heute nach Hause kommt. Aber immerhin kann ich sagen, dass sie morgen Vormittag da sein wird. Wir haben ja die Besprechung, an der sie hundertprozentig teilnehmen wird“, fuhr der Weingutsmitarbeiter fort.

„Das kann jetzt nicht wahr sein“, entfuhr es Johanna. „Seit so langer Zeit suche ich jetzt nach ihr und sie nach mir; jetzt weiß ich von ihr und sie bleibt länger in Kapstadt.“

„Das ist doch kein Beinbruch, wenn sich ein Wiedersehen nach so vielen Jahren noch um einen Tag verschiebt. Du hast doch gehört, dass sie morgen früh kommt“, versuchte Michael, sie zu beschwichtigen.

Es blieb mehr oder weniger beim Versuch, denn Johanna war extrem geknickt und den Rest des Tages überhaupt nicht mehr zu einem vernünftigen Gespräch zu gebrauchen.

Da Michael nicht sicher war, ob nach dem zweimaligen „Zusammenbruch" von Johanna nicht noch einmal so eine Situation eintreten würde, blieb er den Rest des Tages in ihrer Nähe.

Am Abend setzten sie sich auf die Veranda vor ihrem Zimmer und schauten in den Sonnenuntergang.

„Wenn sich meine Mutter bei ihm gemeldet hätte, dann hätte Fumbani uns bestimmt Bescheid gesagt", stellte Johanna fest.

„Das ist doch nicht tragisch, du hast doch gehört, was er gesagt hat", erwiderte Michael. „Morgen früh wird sie hier sein und ihr könnt euch erzählen, was ihr euch immer schon sagen wolltet. Apropos Fumbani, ich muss mit ihm noch etwas über Wein besprechen", sagte er und war auch schon draußen.

„Wie kannst du in dieser Situation an Wein denken?", rief sie ihm noch nach, aber das hörte er schon nicht mehr, da er schnellen Schrittes unterwegs war.

Als er schon nach vier Minuten wieder zurück war, traf er eine etwas irritierte Johanna an.

„Was willst du jetzt mit einer Flasche Wein?", fragte sie ihn.

Michael antwortete nicht, öffnete den Shiraz und stellte ihn auf den Tisch. Ohne etwas zu sagen, holte er drei Gläser und füllte sie.

„Was soll das denn? Wieso drei Gläser für den Shiraz? Holst du dir noch Traubensaft? Kommt Fumbani noch?", sprudelte es nur so aus ihr heraus.

„Tausend Fragen", kommentierte er das Gehörte nur kurz, ohne recht zu antworten.

Unter den fragenden Augen von Johanna reicht er ihr das erste gefüllte Glas.

„Und die anderen beiden Gläser? Wer kommt denn noch?", wollte Johanna wissen.

„Das dritte Glas ist für deine Mutter", sagte er nur trocken und hob das zweite, ebenfalls gefüllte, Glas an. Anschließend wechselte er mehrmals vom prüfenden Weinkennerblick zum Augenkontakt mit Johanna und zurück.

Johanna schien langsam zu verstehen.

„Du trinkst?“

„Ich trinke!“

„Wein?“

„Wein!“

Johanna schaute ihn ungläubig an.

Dann lehnte er sich zurück, schaute ein letztes Mal ins Glas, hielt seine Nase prüfend hinein, roch noch einmal daran und trank.

Die nunmehr sprachlose Johanna schaute Michael an, dann schaute sie auf die Flasche. Nein, sie irrte sich nicht – es war kein Traubensaft.

Es war ein Shiraz von 1988 – Johannas Jahrgang.

Sie stieß mit ihm an und beide schauten in den Sonnenuntergang.

Nachwort

Die Geschichte von Michael und seiner Johanna hat sich so natürlich nie zugetragen. Sie ist jedoch nicht völlig aus der Luft gegriffen. So gibt es in Ingelheim zwar kein Weingut Kloster Teufelsberg, aber sehr wohl das Weingut Wasem im Stadtteil Ober-Ingelheim, das sich auf dem Areal des ehemaligen Zisterzienserklosters Engelthal befindet und die verbliebenen historischen Gebäude für die heutige Nutzung restauriert hat. Es hat mir beim Schreiben Pate gestanden und ich möchte mich an dieser Stelle bei der Familie Wasem herzlich dafür bedanken, dass sie sich die Zeit genommen hat, mir einige den Weinbau betreffende Fragen zu beantworten.

*

Was Johanna betrifft, so gab es tatsächlich Menschen, die zur Zeit der Apartheit aus Südafrika geflohen sind – jedoch nicht in großer Zahl und vor allem nicht in nennenswerter Zahl per Flugzeug. Aus politischen Gründen die Flucht eines Babys zu vertuschen, um diplomatische Verwerfungen zu vermeiden, wäre eine durchaus nachvollziehbare Reaktion. Die von mir skizzierte Handlungsweise – oder vielmehr: Nicht-Handlungsweise – der Schweizer Behörden wäre also theoretisch möglich, wenn auch nicht sehr wahrscheinlich, denn die Schweizer Bürokratie ist normalerweise eine äußerst ordentliche, wie es in der Geschichte ja auch mehrfach angedeutet wird.

Inhaltlich liegt es mir fern, dem bei der Lektüre möglicherweise entstandenen Eindruck entgegenzutreten, dass Schweizer Beamte ein gemäßigtes Arbeitstempo haben könnten. Vielmehr ist es so, dass sie in jedweder Weise mit der Arbeitsgeschwindigkeit der restlichen Schweizer Bevölkerung mithalten können – was das dann über die Schweizer Bevölkerung im Gesamten aussagt, möchte ich der Interpretation der Lesenden überlassen.

*

Südafrika hat sich nach der Apartheid rasant verändert. Es gab viele positive Veränderungen, vor allem natürlich gesellschaftlicher beziehungsweise politischer Natur. Aber auch und gerade in der Landwirtschaft gab es einen Aufbruch. Südafrika stellt nach wie vor sehr guten Wein her, der auch in Deutschland erhältlich ist. Allerdings gibt es heute Weingüter, deren Besitzer Weiße und Schwarze zu gleichen Teilen sind. In diesen Weingütern wird dann zur Realität, was Menschen sich jahrzehntelang gewünscht haben – ein friedliches Miteinander von weißen und schwarzen Menschen.

*

Wein ist ein wunderbares Produkt aus den Händen der Natur sowie der Weinbau treibenden Menschen! Wenngleich es immer wieder Manipulationen gegeben hat (im Buch erwähne ich ja die hierzulande wohl bekanntesten Skandale), ist und bleibt der Wein ein Geschenk der Natur, das seinesgleichen sucht und nicht findet. Maßvoll genossen, ist Wein eine wunderbare Bereicherung des Tages, und in seiner Vielfalt findet sich für wohl jeden der passende Tropfen.

Trotz der zum Teil doch sehr extremen Schummeleien am Wein, ist der weitaus größte Teil der Winzer grundehrlich und stellt ausgezeichnete Weine her: Dies gilt für Öko-Betriebe genauso wie für „konventionell“ arbeitende Weingüter.

*

Was mich persönlich sehr freut, ist die Tatsache, dass es in der traditionell eher konservativen Winzerschaft ein Umdenken gibt, das unserer Lebenswirklichkeit in Deutschland Rechnung trägt und die Integration fördert.

So kommt es immer häufiger vor, dass es Weinköniginnen und Weinprinzessinnen gibt, die ihre Wurzeln nicht in Deutschland haben. In Trier wurde 2016 die erste Frau aus Syrien, die in Deutschland Weinkönigin wurde, gekrönt. Auch in anderen Weinorten gab es schon Weinmajestäten, die ihre Wurzeln in anderen Ländern haben.

In ähnlicher Weise gilt dies natürlich auch für die vielen anderen „Majestäten“ diverser Regionen in Deutschland. Ob es um Honig oder Milch geht, um eine Schwalbenkönigin oder eine Hopfenkönigin. Auch bei diesen Würdenträgerinnen spiegelt sich die Lebenswirklichkeit in Deutschland wider: Und so gibt es neben den vielen „Majestäten“ mit deutschen Wurzeln in unserem Land auch Könige und Königinnen, Prinzessinnen und Prinzen, deren Eltern eben nicht in Deutschland geboren sind.

Auch die im Buch erwähnte Fastnacht hat schon einige Tollitäten hervorgebracht, die im Ausland geboren wurden und aus der hiesigen Narrenzunft nicht mehr wegzudenken sind.

In meinen Augen gelungene Beispiele der Integration, die zeigen, dass es ein offenes Deutschland gibt, das Traditionen bewahrt und gleichzeitig neue Wege geht. Um es mit Lichtenberg zu sagen: „Tradition ist nicht, die Asche des Feuers zu bewahren, sondern die Fackel des Feuers zu entfachen.“

*

Die Australian Riesling Challenge in Canberra gibt es tatsächlich – genau wie die ebenfalls im Roman erwähnte Austrian Wine Challenge und viele andere Weinwettbewerbe. Hier werden oft herausragende Weine von qualifizierten Fachleuten geprüft und dementsprechend aussagekräftig sind auch die Resultate dort.

*

Dennoch sollten Sie eines immer beachten: Entscheidend für ihre eigene Einstufung als „guter Wein“ ist nicht die erfolgreiche Bewertung bei Landes- oder Bundeswettbewerben, auch nicht die gute Beurteilung durch die Jury einer Internationalen Wine Challenge – entscheidend ist einzig Ihr eigener Geschmack!

Vertrauen Sie nicht auf den Weinverstand der Profis oder ungeschriebene Regeln der Weinverkostung – vertrauen Sie ihrem eigenen Gaumen. Er ist der Einzige, der Sie nicht enttäuschen wird und dem Sie folgen können und sollten.

Glossar

*Im Folgenden werden die im Text mit * gekennzeichneten Begriffe und Sachverhalte vom Autor erläutert und kommentiert.*

S. 9 – **Rheinhessen** ist das größte der 13 Weinanbaugebiete in Deutschland. Zum linksrheinischen Rheinland-Pfalz gehörend, umfasst es die Landeshauptstadt Mainz sowie die Landkreise Mainz-Bingen und Alzey-Worms. Im Nordosten bildet der Rhein die Grenze zum Rheingau. Auf seinen mehr als 26.000 Hektar Anbaufläche gehören mit Riesling und Müller-Thurgau zwei Weißweinsorten zu den am häufigsten anzutreffenden Rebsorten.
Neben Weißwein wird in Rheinhessen aber auch Rotwein erzeugt, insbesondere in der Gemarkung von Ingelheim, wo auf 329 Hektar insbesondere Spätburgunder und Blauer Portugieser wachsen. Die Kreisstadt wird deshalb auch gerne als Rheinhessens „Rotweinhauptstadt“ bezeichnet.

S. 19 – Natürlich wird (weder in Rheinhessen noch im Rheingau) kein Weingut gezwungen, eine **Weinkönigin** zu stellen. Es ist jedoch üblich, dass sich interessierte Frauen, die für ein Jahr als Weinkönigin amtieren möchten, bewerben. Einen Mann als „Bacchus“ oder Weinkönig gibt es im Regelfall nur, wenn sich kein junge Dame für diese Aufgabe findet.
Die Weinmajestäten werden vielerorts gewählt. So gibt es beispielsweise in Ingelheim ein recht großes Wahlgremium, zu dem der Oberbürgermeister und die Bürgermeisterin, die Fraktionsvorsitzenden des Stadtrates, Vertreter des Weinbaus und sogar eine Vertreterin der Landfrauen gehören. Einen Besuch im Weingut, um die Kandidatin vor Ort zu testen, gibt es allerdings nicht. – In Erbach dagegen ist es unkomplizierter, da es in dem wesentlich kleineren Ort naturgemäß weniger potenzielle Kandidatinnen gibt und die Entscheidung „kurz und schmerzlos“ durch die Winzerschaft getroffen wird.

Anders als in meiner Geschichte finden sich übrigens auch in Ingelheim in der Regel einige junge Frauen, die Rotweinkönigin werden möchten. Hier werden der Königin zwei Prinzessinnen zur Seite gestellt, die im Laufe der einjährigen Amtszeit der Königin bei den zahlreichen Aufgaben und Repräsentationspflichten zur Seite stehen oder sie vertreten können.

S. 21 – **Eebsch Seit:** Ein eigentlich wertneutraler Begriff, der nur die andere Rheinseite bezeichnen sollte, heute durchaus im abwertenden Sinne genutzt, jedoch meist scherzhaft. Interessant ist der Hintergrund der Bezeichnung „eebsch". Zunächst bedeutet das Wort nichts anderes als schlecht oder dunkel. In Verbindung mit der früheren Rheinschifffahrt ist zu sagen, dass seinerzeit stromaufwärts getreidelt wurde: Pferde zogen die Schiffe. Dies taten sie in Kurven jeweils auf der innen liegenden Seite. Da die Tiere bei Sonnenschein geblendet wurden, benutzte man für die dem Wasser zugewandte Seite Scheuklappen, die dazu führten, dass die andere Seite für das Pferd „eebsch" war, also dunkel.
Und da der Rhein sich zwischen dem nördlichen Rheinhessen und dem Rheingau regelrecht schlängelt, musste mal linksseitig und mal rechtsseitig getreidelt werden. Deshalb war hier die „eebsch Seit" abwechselnd auf der linken und rechten Rheinseite.

S. 21 – **Rheingau:** Da der Rhein zwischen Mainz und Bingen auf rund 30 Kilometern in Ost-West-Richtung fließt, sind die sonnenreichen Südhänge ein Markenzeichen der zu Hessen gehörenden Weinbauregion, deren Kerngebiet von Walluf (westlich von Wiesbaden) bis nach Lorchhausen im Nordwesten reicht. Der Rheingau gehört zu den mittelgroßen Anbaugebieten in Deutschland und würde mit seinen etwa 3.200 Hektar Rebfläche gut achtmal in das benachbarte Rheinhessen passen.
Trotz seiner geringen Größe wartet der Rheingau aber mit einigen Besonderheiten auf und die Qualität vieler Weine ist hervorragend. Insbesondere der Riesling aus dem Rheingau hat einen weltweit guten Ruf, die Dichte der Winzer, die mit preisgekrönten Weinen aufwarten

können, erscheint mir ungefähr so hoch wie die Zahl der Essigfliegen auf dem nach der Lese im Weinberg verbleibenden Trester.
Der Riesling stellt mit gut 80 Prozent auch die häufigste und damit das Weinanbaugebiet prägende Rebsorte des Rheingaus. Aber auch hier findet sich (wie in Rheinhessen mit Ingelheim) mit dem zu Rüdesheim gehörenden Assmannshausen ein kleines, aber feines Rotweindorf. Die weinbaulichen Unterschiede zwischen Rheinhessen und Rheingau beruhen in erster Linie auf den sehr unterschiedlichen Bodenverhältnissen.

S. 29 – **Rosé:** Im sechsten Kapitel präsentiert Johanna den Weinkritikern eine Mischung aus Rot- und Weißwein – in der festen Überzeugung, sie hätte einen Rosé kredenzt. In der Praxis entsteht Roséwein normalerweise jedoch aus Rotweintrauben, die wie Weißweintrauben verarbeitet wurden.
Ganz so abwegig wie hier beschrieben, ist die Mischung von Weiß- und Rotwein allerdings nicht: Es gibt den sogenannten Rotling, der eine ebensolche Mischung ist. Im Gegensatz zu unserer Geschichte, in der Johanna lediglich einen zufällig gegriffenen Rotwein mit einem herumstehenden Weißwein mischte, handelt es sich bei dieser Mischung um eine aus langen Versuchen entstandene Komposition spezieller Weinsorten.
Auf Widerstand stieß 2009 der Vorschlag der Europäischen Kommission, die Herstellung von Rosé durch den einfachen Verschnitt von Rot- und Weißweinen grundsätzlich zu ermöglichen. Nach Protesten aus der Winzerschaft erging es dieser Idee wie manch anderer unausgegorenen Idee aus Brüssel: Der Vorschlag wurde rasch wieder einkassiert. Klar ist somit: Rosé ist eine eigene „Weinfarbe“

S. 30 – Der **Riesling** gehört zu den hochwertigsten Rebsorten, die in Deutschland angebaut werden – Weinliebhaber sprechen daher auch gerne von der „Königin der Reben“. Die hierzulande nachweislich seit 600 Jahren angebaute Rebsorte stellt besondere Ansprüche an Boden und Klima und erbringt einen spannenden beziehungsweise facettenreichen Wein. Deshalb bringen nur relativ wenige Anbaugebiete einen guten Riesling hervor. Optimale Bedingungen bietet der Rheingau, in dem rund 80 Prozent der Anbaufläche dieser ganz besonderen Rebsorte vorbehalten sind.

S. 31 – Beim **Schwarzriesling** (auch Müllerrebe, in Frankreich „Pinot Meunier“, in Österreich „Blaue Postitschtraube“, in Australien „Miller's Burgundy“) handelt es sich um eine dunkle Traube, aus der aber kein schwarzer, sondern ein „roter Tropfen“ wird: Der Schwarzriesling ist ein wunderbarer rubinroter Wein mit fruchtigem Aroma und stammt ursprünglich wohl aus Frankreich, wo bis heute 80 Prozent der weltweiten Produktion beheimatet sind. In Deutschland wächst der Schwarzriesling auf zirka zwei Prozent der Anbaufläche.

S. 37 – **Schwarze:** Im Zusammenhang mit Johanna, ihrer Mutter und auch der Situation in Südafrika spreche ich von „Schwarzen“, eine nicht unumstrittene Bezeichnung für Menschen mit dunkler Hautfarbe. Ich habe lange überlegt, ob ich diesen oder einen anderen Begriff in meiner Geschichte verwenden wollte. Die Entscheidung abgenommen haben mir letztlich ein paar Freunde, die mir sagten: „Wir sind doch nicht farbig oder bunt. Wir sind schwarz, genau wie ihr weiß seid!“

S. 37 – Die **Apartheid** zählt zu den traurigsten Kapiteln in der Geschichte von Südafrika. Die Weißen in Südafrika stellten sich in den 1940er-Jahren auf den Standpunkt, dass sie besser und wertvoller als die schwarze Bevölkerungsmehrheit seien. 1948 wurde die Rassentrennung offiziell bestimmender Bestandteil der südafrikanischen Innenpolitik. Obwohl erst kurz zuvor die Nationalsozialisten in Deutschland mit ihrer Idee der Herrenrasse gescheitert waren, begann die südafrikanische Regierung ihre menschenverachtende Ausgrenzungspolitik in Stein zu meißeln.
Schwarze durften nicht mehr studieren, sie durften nicht in Stadtteilen wohnen, die für Weiße reserviert waren, sie durften nicht mit den gleichen Bussen wie die Weißen fahren und auch nicht auf den gleichen Parkbänken sitzen.

Im Unterschied zu der Situation in Deutschland wenige Jahre zuvor, war jedoch nicht der Genozid das Ziel, sondern eine Stabilisierung der Macht- und Eigentumsverhältnisse. Da zur Aufrechterhaltung des Reichtums schwarze Arbeiter gebraucht wurden, wurde „lediglich“ eine strikte Trennung im Alltag bzw. eine Festschreibung der Hierarchie zwischen den unterschiedlichen Bevölkerungsgruppen durchgesetzt.
Die Schwarzen durften weder wählen noch gewählt werden und auch nicht die gleichen Berufe wie Weiße ausüben. In den 1960er-Jahren verstärkte sich der Widerstand der Schwarzen gegen diese gesellschaftliche Ordnung nicht zuletzt auch deshalb, weil sich auch in den USA der Widerstand gegen die Rassentrennung und für die Gleichberechtigung formiert hatte und nun für weltweites Aufsehen sorgte. Einer der bekanntesten Kämpfer gegen die Apartheit in Südafrika war Nelson Mandela (1918–2013). Er und viele seiner Mitstreiter wurden als Terroristen zu langjährigen Haftstrafen verurteilt.
Nach dem Rückzug des langjährigen Staatspräsidenten Pieter Willem Botha, der das System der Apartheid nicht nur verteidigt, sondern auch weiter ausgebaut hatte, wurde 1989 mit Frederik Willem de Klerk ein neuer Präsident gewählt. De Klerk setzte den zuvor schon in Geheimverhandlungen mit Mandelas African National Congress (ANC) begonnenen Prozess fort, mit dem er das von Wirtschaftssanktionen gebeutelte Land wieder zurück in die Staatengemeinschaft führen wollte. Dazu war es unerlässlich, die Apartheid zu beenden. De Klerks historische Leistung war es, in Südafrika den Weg für eine Gesellschaft zu ebnen, in der Gleichberechtigung möglich wurde.
De Klerk sorgte schon kurz nach seinem Amtsantritt dafür, dass Nelson Mandela nach fast 40 Jahren strenger Haft entlassen wurde. Gemeinsam mit de Klerk arbeitete Mandela nun daran, auf friedlichem Wege und ohne Rachegedanken die Grundlagen für eine neue Gesellschaftsordnung zu schaffen. Hierfür erhielten beide gemeinsam 1993 den Friedensnobelpreis. 1994 fand die Apartheid in Südafrika mit den ersten freien und allgemeinen Wahlen ein Ende, aus denen der ANC als Sieger hervorging. Im gleichen Jahr wurde Nelson Mandela als ANC-Vorsitzender zum Präsidenten gewählt.

S. 38 – Der **Primitivo** ist eine „sonnenhungrige" Rebsorte, die vor allem in Süditalien gedeiht, wenngleich sie ursprünglich aus Kroatien stammt. Sie erbringt kräftig-würzige Weine mit einer wunderbaren roten Farbe. Oft erinnert das Aroma an Zimt, Nelken, schwarzen Pfeffer oder Waldfrüchte. Wie der Riesling ist auch der Primitivo eine relativ alte Rebsorte. In vielen Weinregionen, etwa in Kalifornien, ist sie auch als „Zinnfandel" bekannt. Im Unterschied zu Johannas Verständnis des Namens Primitivo, leitet sich dieser natürlich nicht aus dem Adjektiv primitiv (einfach oder simpel) ab, sondern davon, dass die Trauben recht früh im Jahr gelesen werden können (ital.: prima = früh).

S. 40 – **Black Magic Woman** ist ein von Peter Green geschriebener und 1968 dessen Band Fleetwood Mac herausgebrachter Song, der erst in der Cover-Version von Carlos Santana zum Welthit wurde:

Got a black magic woman
Got a black magic woman
I've got a black magic woman
Got me so blind I can't see
That she's a black magic woman
She's trying to make a devil out of me

Don't turn your back on me, baby
Don't turn your back on me, baby
Yes, don't turn your back on me, baby
Stop messing about with your tricks
Don't turn your back on me, baby
You just might pick up my magic sticks

You got your spell on me, baby
You got your spell on me, baby
Yes, you got your spell on me, baby
Turnin' my heart into stone
I need you so bad
Magic woman I can't leave you alone

S. 43 – **Hergeloffene:** In ganz Deutschland gibt es wunderbare Namen für die Menschen, die zwar nicht in dem jeweiligen Dorf bzw. der Region geboren wurden, wohl aber dort leben. Im Rheingau und Rheinhessen werden diese Menschen sehr charmant als „Dahergelaufene“ bezeichnet – was in der Mundart „Hergeloffene“ heißt.

S. 45 – **Veganer Wein** scheint auf den ersten Blick eine Tautologie zu sein. Schließlich ist es nicht gerade die erste bzw. übliche Erwartung an einen Wein, dass er „tierische Anteile“ enthalten würde – wenn man einmal von zufällig eingesammelten Weinbergschnecken oder der Kirschessigfliege absieht, was bei Überlegungen zur Weinlese durchaus nachvollziehbar wäre.
Tatsächlich verwendet man jedoch in der traditionellen Weinherstellung tierische Zusatzstoffe wie Eiweiß, Gelatine oder Kasein (Proteinanteil der Milch) zur Schönung des Weins; das heißt, man setzt sie zur natürlichen Entfernung von Schwebeteilen beim im Fass lagernden Wein ein. Beim veganen Wein wird auf diese Zusätze verzichtet – als Ersatz kommen Aktivkohle, Betonit sowie Gelatine pflanzlichen Ursprungs zum Einsatz. Letztlich geht es bei der Herstellung veganen Weins also um die Verarbeitung der Trauben in der Kellertechnik.

S. 47 – **Terroir:** Neben der Rebsorte, dem Klima und der Verarbeitung durch den Winzer wird der Wein auch stark durch vom Standort bzw. der Gegend (frz. terroir) abhängige Faktoren wie der Bodenbeschaffenheit geprägt. So macht es einen großen Unterschied, ob zum Beispiel die Erde vulkanischen Ursprungs oder aber sehr lehmhaltig ist.

S. 55 – **Kagachi:** Der Ort Kagachi auf der Insel Hokkaido (und seine Städtepartnerschaft mit Ingelheim) ist frei erfunden und nicht zu verwechseln mit der japanischen Stadt Higashine, mit der die Rotweinstadt nicht zuletzt dank wirtschaftlicher Verbindungen tatsächlich in einem Austausch steht.

S. 63 – **Öko-Wein**(bau); Öko-Winzer: Michaels Onkel hätte zeitlich gesehen in der Tat zu den Pionieren des Öko-Weinbaus gehört. Be-

ginnend ab etwa 1980 wuchs die Zahl der Öko-Winzer und damit einhergehend die Menge des Bio-Weins auf mittlerweile gut fünf Prozent der deutschen Rebfläche (2016) an. Die Begriffe Öko-Wein und Bio-Wein bzw. Öko-Winzer und Bio-Winzer finden beide Verwendung und sind letztlich deckungsgleich.
Der Hauptunterschied zwischen traditionellen und ökologisch arbeitenden Weingütern liegt im weitestgehenden Verzicht auf chemische Pflanzenschutzmittel (Alternative ist hier zum Beispiel das Stärken der Weinreben durch intensivere Bodenarbeit: häufiges Auflockern des Bodens bzw. Verwendung von auflockernden Pflanzen in den Rebzeilen, aber auch Pflanzenschutz durch weniger belastende Mittel).

S. 73 – Der **Chardonnay** gehört zu den klassischen Weißweinsorten. Weltweit gehört er zu den fünf am häufigsten angebauten Weinsorten und findet sich in nahezu allen bedeutenden Anbaugebieten. In Deutschland wird er offiziell allerdings erst seit 1991 gepflanzt und ist noch recht selten anzutreffen. Die Chardonnay-Rebe zeichnet sich u. a. dadurch aus, dass sie recht anpassungsfähig und robust ist. Meist wird Chardonnay trocken ausgebaut und nicht selten mit feinen Aromen wie zum Beispiel Himbeer, Pfirsich oder Vanille angereichert.

S. 77 – **Nkosi sikeleli Afrika** (auf Deutsch: „Gott schütze Afrika“) ist der Titel einer in Südafrika verbreiteten politischen Hymne und zugleich Bestandteil der Nationalhymne.

S. 117 – **Babyklappe:** Erst 2001 wurde in der Schweiz (im Spital Einsiedeln) die erste Babyklappe eingerichtet. Rund 800 Jahre zuvor, genauer gesagt 1198, war die die wohl älteste und bekannteste „Drehlade“ (italienisch: Torno) im Heilig-Geist-Spital im Vatikan installiert worden. Damals hatte Papst Innozenz III. die Anbringung solcher Babyklappen an den Pforten von Findelhäusern verfügt, damit diejenigen Mütter, die ihr Neugeborenes nicht behalten wollten oder konnten, die Möglichkeit bekamen, es anonym der Obhut der Kirche anzuvertrauen. Ihren Weg in den deutschsprachigen Raum fand die Babyklappe erst im 18. Jahrhundert: In Hamburg wurde zur „Verhinderung von Kindesmord“ 1709 eine „Drehlade“ eröffnet, die 1714 aufgrund der zu hohen Auslastung wieder geschlossen wurde.

S. 119 – **Shiraz:** ursprünglich aus Frankreich stammende und bis heute dort (als „Syrah“) vor allem an der Rhône angebaute Rotweinsorte, die ihren Weg nach Kanada und in die USA sowie nach Australien und Südafrika gefunden hat.

S. 119 – **Tinta Barroca:** In Portugal vor allem für die Erzeugung von Portwein im Duoro-Tal kultivierte Rebsorte, die neben dem portugiesischen Festland auch auf Madeira sowie in Namibia und Südafrika für portweinähnliche Weine verwendet wird.

S. 121 – **Shosholoza:** Das aus der Bantusprache Zulu stammende Wort bedeutet „mutig nach vorn schauen“ oder „wir greifen an“. Es ist zugleich der Titel eines ursprünglich von Bergarbeitern im heutigen Simbabwe gesungen Liedes, das in Südafrika so populär wurde, dass es oft in fünf Sprachen gesungen wird (u. a. Zulu, Afrikaans und auch Englisch) und als inoffizielle Nationalhymne gilt. Weltweit bekannt wurde das Lied durch den US-amerikanische Singer-Songwriter Pete Seeger, als er es 1963 beim Konzert in der New Yorker Carnegie Hall spielte.

S. 125 – **Landmuseum Ransel:** Das Museum in dem rund 450 Einwohner zählenden und auf rund 400 Meter Höhe gelegenen Lorcher Stadtteil Ransel gehört zu den „Perlen“ im Rheingau, die leicht übersehen werden. Mit Liebe nimmt sich der Landverein Ransel der Sammlung und Restaurierung alter Maschinen an. Ob es um das Schmiedehandwerk, das Backen oder andere alte Berufe geht – vieles wird wieder zum Leben erweckt und durch Vorführungen erlebbar gemacht, siehe auch im Internet unter: www.flk-ransel.de/
Die „spezielle“ räumliche Situation sorgt in Ransel in der Tat für ein etwas herberes Klima, die Weinbezeichnung „von der Sonne verschont“ verrät da in der Tat das Wesentliche – dennoch hat man mit Unterstützung der Geisenheimer Weinforschungsanstalt dort das

„Weinexperiment“ gewagt; allerdings haben die Ehrenamtlichen in Ransel den Weinanbau nie überbewertet und es sind natürlich auch keine Lebensträume geplatzt, als klar wurde, dass mit den Früchten der Weinstöcke kein Staat zu machen ist.

S. 129 – **Schweizerische Kraftausdrücke:** Ein „Tüpflischisser“ ist eine von Johanna nicht freundlich gemeinte Bezeichnung für ein Mitglied der eidgenössischen Beamtenschaft, was sich wohl am ehesten mit dem deutschen ebenfalls unfreundlich gemeinten Korinthenkacker übersetzen lässt.
Auch die anderen von Johanna verwendeten Wörter sind durchaus abfällig gemeint: So wird mit dem Begriff „Schöggeler“ jemand bezeichnet, der eher die Schokolodenseite des Lebens kennt, sprich, sich nicht überarbeitet.
Ein „Zirpegigu“ ist eine fast schon ehrabschneidende Formulierung und bedeutet umgangssprachlich so etwas wie Blödmann. Pikanter wird dieses Schimpfwort, wenn man weiß, dass Gigu auch die Bezeichnung für das männliche Geschlechtsteil ist – ein „zirpender“ Penis dürfte somit definitiv kein Lob oder eine freundliche Bezeichnung für den so Angesprochenen sein.

Der Autor

Guntram Althoff wurde 1965 in Dorsten im Ruhrgebiet geboren und ist seit 1998 Wahl-Rheingauer.

Im Anschluss an eine Ausbildung zum Verwaltungsfachangestellten studierte Althoff in Paderborn, bevor es ihn an den Rhein zog, wo er einige Jahre in Eltville als Hausvater in einem Kinderdorf sowie später als Schulsozialarbeiter in Ingelheim arbeitete. Heute ist der Sozialpädagoge mit seiner Familie in Erbach zu Hause und beruflich an zwei Schulen in Wiesbaden tätig.

Nachdem der Autor einige Jahre als freier Mitarbeiter für diverse Zeitungen geschrieben und einige Kurzgeschichten verfasst hat, legt er nun mit *Der Null-Promille-Winzer* die erste Buchveröffentlichung vor. Seine Umgebung, die vom Weinbau geprägte Landschaft und die Liebe der hier lebenden Menschen zu ihrer Region – aber auch die gegenwärtige Situation von Flucht und Integration in Deutschland, in Europa sowie weltweit – haben ihn zu dieser Geschichte inspiriert.